Anke Hennig, Sabine Willmeroth

111 Ideen
für eine gewinnbringende Elternarbeit

Vom Elternabend bis zum Konfliktgespräch in der Grundschule

Verlag an der Ruhr

Titel
111 Ideen für eine gewinnbringende Elternarbeit
Vom Elternabend bis zum Konfliktgespräch in der Grundschule

Autoren
Anke Hennig, Sabine Willmeroth

Titelbildmotiv
© Stephanie Horrocks – Istock

Verlag an der Ruhr
Mülheim an der Ruhr
www.verlagruhr.de

Geeignet für die Klassen 1–4

Unser Beitrag zum Umweltschutz:
Wir sind seit 2008 ein ÖKOPROFIT®-Betrieb und setzen uns damit aktiv für den Umweltschutz ein. Das ÖKOPROFIT®-Projekt unterstützt Betriebe dabei, die Umwelt durch nachhaltiges Wirtschaften zu entlasten.
Unsere Produkte sind grundsätzlich auf chlorfrei gebleichtes und nach Umweltschutzstandards zertifiziertes Papier gedruckt.

ISBN 978-3-8346-0935-9

Printed in Germany

Vorbemerkungen 7

1 Allgemeine Ideen 9

1 Transparenz 9
2 Regeln 10
3 Emotionalität 12
4 Professionelle Distanz 12
5 Umgangston 13
6 Kritik 14
7 Gerüchte und Geschwätz 15
8 Umgang mit eigenen Fehlern 15

2 Klassenpflegschaftssitzung 17

9 Rechtslage 17
10 Eigener Status 17
11 Die erste Klassenpflegschaftssitzung 18
12 Einladung mit Tagesordnung 20
13 Anwesenheitsliste 20
14 Protokoll 22
15 Abstimmungen und Wahlen 22
16 Aufgabenbeschreibung des Vorsitzenden und seines Stellvertreters 23
17 Zusammenarbeit mit dem Vorsitzenden und seinem Stellvertreter 24
18 Info-Klassenordner 24
19 Klassenliste 25
20 Klassenkasse 27
21 Telefonkette 28
22 (Halb-)Jahresplanung 28
23 Hilfen im Alltag 29
24 Anschaffungen 30
25 Elternwünsche 30
26 Materialliste 32
27 Material 34
28 Unterrichtsinhalte 37
29 Absprachen und Regelungen 37
30 Probleme in der Klasse 37
31 Elternstammtisch 38

3 Elternsprechtag ... 39

32 Terminierung ... 39
33 Zeitintervall ... 39
34 Verpasste Termine ... 40
35 Einladung ... 40
36 Terminliste ... 42
37 Inhalte ... 43
38 Positionspapier ... 43
39 Schülerdokumente ... 43
40 Gesprächsprotokoll ... 46
41 Getrennt lebende Eltern ... 48

4 Beratung zum Übergang auf die weiterführende Schule ... 49

42 Schulinterne Absprachen ... 49
43 Allgemeine Informationen – kindbezogene Beratung ... 49
44 Terminierung ... 50
45 Einladung ... 50
46 Eigene Positionierung ... 52
47 Positionspapier ... 52
48 Zeitintervall/Terminliste ... 55
49 Beratungsgespräch ... 55
50 Elternwünsche ... 56
51 Beratungsprotokoll ... 57

5 Informationsveranstaltungen ... 59

52 Einheitliche Kommunikation ... 59
53 Innerschulische Abstimmung und Vorbereitung ... 59
54 Themen ... 60
55 Einladung ... 60
56 Anwesenheitsliste ... 61
57 Flyer ... 61

6 Mündliche Kommunikation ... 63

58 Gespräche zwischen Tür und Angel ... 63
59 Sprechzeiten/-stunde ... 64
60 Gespräche über Kollegen ... 64
61 Telefonate ... 65

62 Konfliktgespräche ... 65
63 Gesprächsführung/Regeln ... 67

7 Schriftliche Kommunikation ... 71

64 Elternbrief ... 71
65 E-Mail ... 73
66 Mitteilungsheft ... 75

8 Einbindung von Eltern ... 79

67 Aufgabendarstellung ... 79
68 Auswahl der Eltern ... 81
69 Lesemütter/-väter ... 82
70 Bildung eines Festkomitees ... 84
71 Begleitungen durch Eltern ... 84
72 Eltern als Fahrer ... 84
73 Eltern als Fotografen ... 85
74 Angebot bei Schulfesten etc. ... 85
75 Bewirtung durch Eltern ... 85
76 Materialeinkauf/Klassenkassenverwaltung ... 86

9 Hospitationen ... 87

77 Verschwiegenheitserklärung ... 87
78 Zeit/Regeln ... 87
79 Beobachtungsziel ... 90

10 Klassenfahrt ... 93

80 Ortswahl ... 93
81 Vorabbesichtigung des Zielortes ... 94
82 Zeitpunkt ... 94
83 Dauer ... 95
84 Mitfahrt anderer Klassen ... 96
85 Abstimmung ... 96
86 Einverständniserklärungen ... 97
87 Begleitpersonen ... 100
88 Versicherung ... 101
89 Busbestellung ... 101

90 Kosten 101
91 Probleme bei der Finanzierung 102
92 Bezahlung von Unterkunft etc. 103
93 Packliste 103
94 Regelung besonderer Teilnehmersituationen 103
95 Nichtteilnahme 104
96 Notfälle 104
97 Erreichbarkeit 105
98 Taschengeld 105
99 Elterninformation/Telefonliste 105
100 Telefonkontakt durch Kinder 106
101 Verbotene Gegenstände 106
102 Medikamente und Zecken 106
103 Allergiker 110
104 (Un-)Ruhige Nächte 110
105 Schwimmen 111

11 Kollegiale Absprachen 113

106 Elterngespräche mit allen unterrichtenden Kollegen 113
107 Elterngespräche mit der Schulleitung 113
108 Regelungen zu Ausflügen und Klassenfahrten 114
109 Regelungen zu Wochenendveranstaltungen 114

12 Inklusion 117

110 Selbstinformation und eigene Haltung 117
111 Beratung von Eltern 118

Übersicht über die Kopiervorlagen auf der beigefügten CD 120

Medientipps 122

Vorbemerkungen

Die Schule – insbesondere die Grundschule – hat sich in den letzten Jahren stetig verändert. Der Bereich „Elternarbeit" hat sich dabei besonders entwickelt. Eltern wählen heute die Schule, die ihr Kind besuchen soll, bewusst aus. Sie bringen sich intensiver als früher in die schulische Arbeit ein, begleiten ihr Kind und hinterfragen Inhalte, Methoden und Bewertungen.
Schulen und damit die Lehrkräfte sind in der Pflicht, ihr Handeln kompetent darzustellen, zu dokumentieren und letztlich von Eltern bewerten zu lassen.
Die Außenwirkung einer Schule hängt entscheidend von den einzelnen darin handelnden Kollegen* ab.

Gespräche mit Kollegen zeigen, dass die gelingende oder nicht gelingende Zusammenarbeit mit Eltern enorme Auswirkung auf die Berufszufriedenheit von Lehrern haben kann.
In der Ausbildungszeit haben nur wenige Kollegen die Möglichkeit, sich wirklich authentisch in die Elternarbeit einzubringen und auf diesem Gebiet Erfahrungen zu sammeln.

Der vorliegende Ratgeber soll Ihnen die gelungene Zusammenarbeit mit Eltern erleichtern. Dabei geht es nicht um Rezepte, sondern um die bewusste Reflexion schulischer Alltagssituationen unter dem Fokus der Zusammenarbeit mit Eltern.
Zur besseren Orientierung sind die 111 Ideen elf Oberthemen zugeordnet, die wichtige Aspekte Ihres schulischen Aufgabenfeldes erfassen. Die einzelnen Ideen beruhen auf unseren langjährigen Erfahrungen im Schulleitungsbereich und sind bewusst allgemein gehalten. Sie stellen einen Rahmen dar, in dem jedem Leser die Möglichkeit gegeben wird, die Anregungen auf seine ganz individuelle, kontextabhängige Situation zu übertragen. Auf Grund dessen können wir dabei jedoch keinen Anspruch auf Vollständigkeit erheben.

Als weitere Hilfe ist die beiliegende CD gedacht. Sie finden dort einige im Text kenntlich gemachte Kopiervorlagen als Muster, die Sie selbst individuell an Ihre jeweiligen Gegebenheiten und Voraussetzungen anpassen können.

---

* Aus Gründen der besseren Lesbarkeit haben wir in diesem Buch durchgehend die männliche Form verwendet. Natürlich sind damit auch immer Frauen und Mädchen gemeint, also Lehrerinnen, Schülerinnen etc.

Die nachfolgenden Ausführungen beziehen sich auf die Rechtsgrundlagen des Landes Nordrhein-Westfalen zum Zeitpunkt ihrer Erstellung. Zwischenzeitliche Änderungen sind auf Grund der regelmäßigen Revisionen von Gesetzen, Erlassen etc. nicht auszuschließen. Berücksichtigen Sie dies bei der Umsetzung der Ideen im Schulalltag.

Unterrichten Sie in einem anderen Bundesland, legen Sie bitte die in Ihrem Bundesland aktuell geltenden Landesgesetze und -bestimmungen zu Grunde.

Wir wünschen Ihnen viel Erfolg bei einer positiven Zusammenarbeit mit „Ihren" Eltern.

Anke Hennig, Sabine Willmeroth

1 Allgemeine Ideen

Die hier aufgeführten, allgemeinen Ideen bilden die Grundlage einer gelingenden Elternarbeit. Sie gelten auch in den anschließenden Kapiteln, die einzelne Schwerpunkte der Zusammenarbeit mit Eltern besonders beleuchten.

1 Transparenz

Die Schule – insbesondere die Grundschule – hat sich in den vergangenen Jahren sehr stark verändert; so stark, dass Eltern beim Vergleich ihrer Schulzeit bzw. (Grund-)Schule mit der ihres Kindes nur noch wenig Ähnlichkeit erkennen können. Dies führt bei vielen Eltern zu einer zunehmenden Unwissenheit und, damit einhergehend, auch Unsicherheit.
Unwissen und Unsicherheit können sehr schnell zu unnötigen Missverständnissen oder sogar zu Ablehnung führen. Für eine vertrauensvolle Zusammenarbeit zwischen Schule und Elternhaus ist es daher sehr hilfreich bzw. notwendig, Eltern die schulische Arbeit transparent zu machen. Diese Transparenz sollte ebenso pädagogische und didaktische Aspekte wie organisatorische Aspekte umfassen. Bei aller Transparenz müssen jedoch Schulinterna und Schweigepflichten stets gewahrt bleiben.

Transparentes Sprechen und Handeln ist Zeichen und Ausdruck Ihrer Kompetenz. Sie sollten sich bewusst sein, dass Sie – mehr als jede andere Person – beim Wort genommen werden und Ihr Wort „auf die Goldwaage gelegt" wird. Überlegen Sie daher genau, was Sie sagen und was Sie tun. Sprechen und handeln Sie nur auf fester Grundlage (z.B. Schulgesetz, schulinterne Absprachen etc.) und nicht „aus dem Bauch heraus"; informieren Sie sich bei Unsicherheiten an geeigneter Stelle (z.B. Schulgesetz, Erlasse, Nachfrage bei der Schulleitung etc.), und verweisen Sie Eltern in diesem Fall auf einen späteren Zeitpunkt. Beziehen Sie die Eltern in alle Entscheidungen, die Folgen für die Kinder oder Eltern haben, ein, und stellen Sie Entscheidungen, an denen Eltern beteiligt sind, frühzeitig zur Diskussion. Halten Sie dabei getroffene Absprachen in einem Protokoll fest.

2 Regeln

Regeln stecken die Grenzen menschlichen Handelns klar ab und gewährleisten Halt, Orientierung und Schutz. Genau wie z.B. die Arbeit in der Klasse, benötigt deshalb auch die Zusammenarbeit mit Eltern ein festes Regelwerk. Formulieren Sie in diesem Regelwerk sowohl das, was Sie möchten, als auch das, was Sie nicht möchten. Bedenken Sie dabei, dass Sie die Regeln, die Sie in Anspruch nehmen wollen, auch den Eltern zugestehen müssen. Lassen Sie auch Eltern formulieren, welche Regeln sie sich im Umgang mit Ihnen wünschen. Viele Regeln werden sich decken. Die aufgestellten Leitlinien sollten realistisch umsetzbar sein und von beiden Seiten akzeptiert und eingehalten werden können. Darüber hinaus sollten sie neben organisatorischen Aspekten auch persönliche Dinge umfassen. Außerdem sollten sie in einer Regelliste (→ *1 „Regelliste"*) festgehalten und allen Beteiligten zugänglich gemacht werden (→ *Idee 18 „Info-Klassenordner"*).
Bei der Umsetzung des Regelwerkes sollten Sie keine Ausnahmen im Vertrauen auf die Verschwiegenheit Ihres Gegenübers machen. Ausnahmen schaffen Präzedenzfälle, die wie ein Bumerang zu Ihnen zurückkommen. Wenn Sie Ausnahmen machen möchten, machen Sie dies auch begründet transparent.
Reflektieren Sie die Regeln immer wieder, und regen Sie auch die Eltern zur Reflexion darüber an. Das Regelwerk kann immer wieder überprüft und bei Bedarf geändert werden.

Regelliste Zusammenarbeit

Für unsere gute Zusammenarbeit sollen folgende Regeln gelten:

1. Gespräche führen wir nach mündlicher oder schriftlicher Terminierung.
2. Telefonate führen wir nur in dringenden Fällen bis maximal 21.00 Uhr.
3. Wir erwarten gegenseitigen respektvollen Umgang, der sich auch in der angemessenen Wortwahl und im ruhigen Tonfall ausdrückt.
4. Wir sprechen gemeinsam nur über das entsprechende/eigene Kind, niemals über Dritte.
5. Wir sprechen gemeinsam mit einem anderen Kollegen/einer anderen Kollegin, aber nicht über ihn/sie.
6. Wir beteiligen uns nicht an der Weiterverbreitung von Gerüchten.
7. Wir halten die notwendige Schweigepflicht ein.
8. Wir formulieren Kritik offen und ehrlich, aber konstruktiv.

Autoren: Anke Hennig, Sabine Willmeroth
ISBN 978-3-8346-0935-9 · www.verlagruhr.de

3 Emotionalität

Eltern treten Ihnen als Mutter bzw. Vater gegenüber und sind somit immer emotional gebunden. Sie müssen und sollen ihr Kind schützen, verteidigen und mit liebenden Augen sehen, während es Ihre Aufgabe sein kann, das Fehlverhalten ihres Kindes anzumahnen, Probleme aufzudecken und die Dinge sachlich zu sehen. Eltern treten Ihnen in solchen und anderen Situationen mit großer Emotionalität gegenüber. Ein Hauptproblem der Elternarbeit liegt im Umgang mit dieser Emotionalität. Beachten Sie dabei Folgendes:

- **Rufen Sie sich die emotionale Gebundenheit von Eltern immer wieder ins Bewusstsein,** und verdeutlichen Sie sich, dass sie gut und natürlich ist. Es hilft Ihnen, die Emotionalität nicht als Angriff auf Ihre Person zu begreifen und Ihre eigene Emotionalität „in Schach zu halten".
- **Lassen Sie sich nicht ärgern**. Sie selbst entscheiden, worüber Sie sich ärgern.
- **Bleiben Sie stets sachlich,** und versuchen Sie, Ihr Gegenüber zu beruhigen. Wenn Sie die Eltern und ihre Sorgen und Einwände sowie ihre Emotionalität ernst nehmen und für die Arbeit nutzen, erreichen Sie eine positive Zusammenarbeit.
- **Beschreiben Sie Ihre Beobachtungen ohne Wertung**, und drücken Sie Ihre Sorge um eine Situation bzw. das Kind, für das Sie und die Eltern eine Zeit lang gemeinsam verantwortlich sind, aus. Suchen Sie anschließend im Gespräch mit den Eltern nach Lösungen. Beteiligen Sie sie daran. Treten Sie nicht als „Besserwisser" auf, auch wenn Sie es vielleicht wirklich besser wissen, und lassen Sie Eltern Zeit, sich in Ihre oder andere Positionen hineinzuversetzen.

4 Professionelle Distanz

Während Eltern Emotionalität (→ *Idee 3 „Emotionalität"*) zugestanden wird, wird von Ihnen professionelle Distanz erwartet. Grenzen, die Eltern für sich wünschen und die Sie sich als Lehrperson stecken, gewährleisten Ihnen die unabdingbare Neutralität und Sachlichkeit im Hinblick auf das Kind und seine jeweilige Situation. Sie dienen aber auch dem Selbstschutz, insbesondere dem Ausbrennen. Professionelle Distanz ist somit unerlässlich im Hinblick auf eine sachliche und gute Zusammenarbeit mit den Eltern.

Eltern tragen Verantwortung für ihr Kind. Ihre Verantwortung als Lehrkraft kann die der Eltern allenfalls ergänzen, nicht aber ersetzen. Sicher haben Sie Verantwortung im Rahmen Ihrer Tätigkeit als Lehrer, aber auch nur in diesem Rahmen. Sie üben als Lehrer einen Beruf aus, nehmen eine bestimmte Rolle wahr und haben ein vielschichtiges Aufgabenfeld. Unterscheiden Sie jedoch genau, wo Ihre persönliche Verantwortung endet. Hier einige Tipps dazu:

- **Machen Sie die Probleme der Eltern nicht zu Ihren eigenen** und umgekehrt.
- **Nehmen Sie das Verhalten von Eltern und Kindern niemals persönlich.** Sie sind allenfalls in Ihrer Rolle als Lehrer gemeint. Nehmen Sie vielmehr die beratende Position ein. Respektieren Sie aber auch, dass Eltern möglicherweise gar keinen Rat wollen. Der Lehrerberuf verführt zuweilen zur gut gemeinten „Übergriffigkeit". So haben Sie z.B. den Auftrag, über gesunde Ernährung aufzuklären, aber nicht das Recht, Süßigkeiten in Ihrer Klasse beim Schulfrühstück zu verbieten.
- **Versetzen Sie sich in die Position der Eltern und Kinder**, und überlegen Sie, wie das, was Sie sagen, wirkt.
- **Machen Sie sich frei von Lob durch Eltern**, und hüten Sie sich vor „Racheakten" jeglicher Art. Ihre Arbeit wird bezahlt, und Ihr Arbeitgeber kann erwarten, dass Sie Ihre Arbeit gut machen, unabhängig davon, ob Sie dafür geliebt und geachtet werden. Gute Arbeit kann befriedigen und glücklich machen. Befriedigung und Glück sind aber nicht das Arbeitsziel, es sei denn, Sie würden dafür auf Ihr Gehalt verzichten.
- **Reflektieren Sie in regelmäßigen Abständen über den „Stand" Ihrer professionellen Distanz**, und nehmen Sie frühzeitig Hilfe von außen in Anspruch (z.B. kollegiale Beratung, Supervision etc.), wenn Sie merken, dass die Balance zwischen Nähe und Distanz nicht mehr im angemessenen Maß vorhanden ist.

5 Umgangston

Die Qualität von Gesprächen und damit ihr Erfolg hängen von vielen Faktoren ab. Ein wichtiger, nicht zu unterschätzender Einflussfaktor ist der Umgangston, der zwischen den Beteiligten herrscht. Der Umgangston sollte daher auch im Rahmen der Elternarbeit ausreichend Berücksichtigung finden. Bestehen Sie in allen Gesprächen mit Kindern und Erwachsenen auf einen sachlichen und ruhigen Umgangston. Gehen Sie selbst mit gutem Beispiel voran, und lassen Sie sich weder vor Kindern noch vor Eltern dazu hinreißen, laut zu werden. Brechen Sie ein Gespräch ab, das von Elternseite eskaliert. Erklären Sie aber Ihre Gesprächsbereitschaft, wenn sich Ihr Gegenüber wieder beruhigt hat. Folgender Satz könnte Ihnen helfen: „Ich bitte Sie, sachlich zu bleiben und ruhig mit mir zu sprechen, ansonsten breche ich das Gespräch ab."

6 Kritik

© vege – Fotolia.com

Kritik ist ein wichtiger „Spiegel", den Ihnen Kinder, Eltern und Kollegen vorhalten können. Wie Sie diesen „Spiegel" für sich und Ihre weitere Arbeit nutzen, haben allein Sie in der Hand.
Machen Sie sich bewusst, dass negative Kritik viel schneller über die Lippen kommt als positive. Stellen Sie daher gedanklich keine quantitative Gegenüberstellung von Kritiken auf. Es würde Sie langfristig nur entmutigen. Reflektieren Sie dennoch jede Art von Kritik gründlich. Überprüfen Sie genau, was Sie warum ändern oder warum beibehalten wollen. Nicht alles, was Eltern kritisieren, muss auch geändert werden. Beachten Sie, dass positive Kritik, die von Eltern kommt, zuweilen auch eine „Stellschraube" sein kann, Ihr Verhalten und Handeln zu beeinflussen. Eine positive Rückmeldung an Sie wird manchmal mit Äußerungen über andere Eltern oder Kollegen verknüpft und könnte Sie zu unbedachten Äußerungen herausfordern. Nehmen Sie negative Kritik an, ohne sich sofort zu rechtfertigen. Fragen Sie aber immer nach Alternativvorschlägen. Notieren Sie sich Kritik von einzelnen Eltern, und sprechen Sie diese Inhalte – im Sinne der Transparenz – ohne Namensnennung im Plenum der Klassenpflegschaft an. Erläutern Sie dort auch Ihre getroffene Entscheidung. Fragen Sie offen nach, ob auch andere Eltern die gleiche Kritik haben. So vermeiden Sie langfristig, dass Eltern mit Sprüchen wie „Das haben die anderen auch gesagt" kommen.

7 Gerüchte und Geschwätz

Gerüchte und Geschwätz gibt es in jedem Lebensbereich, so auch in der Schule. Sie lassen sich nicht verhindern, aber es gibt Wege, mit ihnen umzugehen und sie möglichst einzudämmen. Überlegen Sie genau, was Sie äußern und wie Sie es äußern, um sich nicht bewusst oder auch unbewusst am Aufkommen bzw. der Verbreitung von Gerüchten und Geschwätz zu beteiligen. Zudem entstehen diese vielfach durch Unwissen oder Halbwissen. Machen Sie durch gezielte Informationen den Eltern die Dinge rund um Schule transparent. Gerüchte und Geschwätz lassen sich so abmildern. Wissen Sie um Gerüchte und Geschwätz, sprechen Sie dies gegenüber den Eltern offen an (z.B. „Es geht das Gerücht um, ..."), und klären Sie die Eltern – soweit möglich – über die wahren Hintergründe auf. Auf diese Weise können Sie Gerüchte und Geschwätz unterbrechen. Oft kommen Eltern mit Informationen, die „angeblich" oder „unter dem Siegel der Verschwiegenheit" gesagt wurden. Häufig verbirgt sich dahinter Kritik, die man Ihnen gegenüber nicht aussprechen will. Gehen Sie solchen Informationen nicht nach, und lassen Sie sich nicht zu Gegenäußerungen hinreißen. Machen Sie den Eltern vielmehr deutlich, dass Sie auf derartige Gerüchte nicht reagieren, sondern dass alle, die etwas zu sagen haben, zu Ihnen kommen können.

8 Umgang mit eigenen Fehlern

Jeder macht Fehler, auch Lehrkräfte. Der Umgang mit eigenen Fehlern hat in der Schule eine besondere Bedeutung, da alles, was passiert, „vor Publikum" stattfindet und damit öffentlich ist.

Gehen Sie grundsätzlich offen und konstruktiv mit eigenen Fehlern um. Sie wirken authentischer, wenn Sie den offenen und konstruktiven Umgang mit Fehlern, den Sie in Bezug auf Schülerfehler lehren, auch selbst praktizieren. Darüber hinaus ist es u.a. ein Zeichen von Reflexionsfähigkeit, Fehler zu erkennen, zu benennen und daran zu arbeiten, sie zukünftig zu vermeiden. Falls Ihnen ein Fehler „vor Publikum" passiert, sollten Sie dieses „Publikum" umgekehrt auch beim Eingeständnis von Fehlern nutzen, denn die 24 „Augen- und Ohrenpaare" gehen nach Hause und erzählen, was sie gesehen und gehört haben. Entschuldigen Sie sich deutlich und offiziell für verbale Entgleisungen, Ungerechtigkeiten etc.

Sollte Ihnen Schlimmeres unterlaufen sein, wie z.B. eine Aufsichtsverletzung, eine Unbeherrschtheit (Anschreien, Anfassen ...) etc., informieren Sie auch die Schulleitung über Ihr Fehlverhalten. Warten Sie nicht ab, bis das Kind zu Hause erzählt, was ihm mit Ihnen passiert ist, sondern informieren Sie die Eltern selbst und direkt. Räumen Sie Ihr Fehlverhalten ohne Beschönigungen oder Verweis auf mögliches Fehlverhalten des Kindes ein, und bitten Sie die Eltern um Entschuldigung. In der Regel haben sowohl Kinder als auch Eltern Verständnis für allzu menschliche Fehler, wenn sie ausgesprochen und eingeräumt werden. Die Schulleitung kann und wird Sie nur unterstützen, wenn Sie den Mut haben, Fehlverhalten offen anzusprechen, und sie wird versuchen, dies mit den Eltern zu regeln.

2 Klassenpflegschaftssitzung

Die Klassenpflegschaft wird von allen Eltern einer Klasse gebildet. Sie ist ein Mitwirkungsorgan der Schule und wählt aus ihren Reihen einen Vorsitz.

9 Rechtslage

Die Verpflichtung zur Durchführung einer Klassenpflegschaftssitzung geht aus dem im Schulgesetz verankerten Recht zur Mitwirkung der Eltern hervor.
In der Regel findet in jedem Schulhalbjahr eine Klassenpflegschaftssitzung statt. Dabei übernehmen zwei Elternteile aus der Klasse als gewählte Vertreter den Vorsitz und die Stellvertretung der Klassenpflegschaft. In dieser Funktion nehmen sie an den anderen Mitwirkungsorganen, der Schulpflegschaft und – im Falle ihrer Wahl – an der Schulkonferenz der Schule teil.

10 Eigener Status

Viele Unsicherheiten, Missverständnisse oder gar Konflikte lassen sich allein durch das Bewusstmachen des eigenen Status im Rahmen der Klassenpflegschaft verhindern. Dieser Status ist auch Eltern nicht immer vertraut. So erwarten diese zuweilen, dass Sie alles regeln. Es ist daher äußerst hilfreich, die Eltern über Ihren Status als Lehrkraft im Rahmen der Klassenpflegschaft zu informieren.
Außerhalb der Aufgaben in der ersten, konstituierenden Sitzung der Klassenpflegschaft (→ *Idee 11 „Die erste Klassenpflegschaftssitzung"*) sind Sie beratendes Mitglied, haben jedoch lediglich Gaststatus. Klassenpflegschaften können sich daher auch ohne Ihre Anwesenheit treffen. Ihnen muss jedoch die Gelegenheit gegeben werden, Aspekte, die Sie für bedeutsam halten, in der Klassenpflegschaft zu besprechen. Zudem muss sich die Klassenpflegschaft auch in Ihrer Abwesenheit an die rechtlichen Vorschriften halten. Formfehler o.Ä. machen die Einberufung einer weiteren Sitzung notwendig.

Vor einer Klassenpflegschaftssitzung sollten Sie sich stets noch einmal mit den aktuellen Rechtsvorschriften rund um die Klassenpflegschaft auseinandersetzen. Dies gibt Ihnen zum einen Ruhe und Sicherheit, zum anderen können Sie evtl. aufkommende Fragen der Klassenpflegschaft kompetent beantworten und Formfehlern vorbeugen. Kurz: Sie können Ihrer Aufgabe als beratendes Mitglied fachkundig nachkommen.

11 Die erste Klassenpflegschaftssitzung

Zu Beginn der ersten, konstituierenden Klassenpflegschaftssitzung gibt es noch keinen gewählten Vorsitz. Daher müssen in Bezug auf diese Sitzung einige Besonderheiten beachtet werden, die in zukünftigen Sitzungen der gewählte Vorsitz übernimmt.
Die Einladung zur ersten, konstituierenden Klassenpflegschaftssitzung (→ *2 „Einladung zur konstituierenden Sitzung der Klassenpflegschaft“*) sowie die Vorbereitung der Anwesenheitsliste (→ *3 „Anwesenheitsliste“*) organisieren Sie. Die Sitzung sollte mit einer kurzen Vorstellungsrunde beginnen, in die Sie sich selbst auch mit einschließen sollten. Anschließend müssen Sie einen Protokollanten finden und die Eltern über die Tagesordnung abstimmen lassen. Bis zur Wahl des 1. Vorsitzenden, deren Wahlleitung Sie aus den Reihen der Eltern bestimmen sollten, führen Sie durch den Abend. Anschließend übernehmen Sie Ihre Rolle als beratendes Mitglied (→ *Idee 10 „Eigener Status“*).

3

[Briefkopf der Schule hier einfügen]

Anwesenheitsliste

der X. Sitzung der Klassenpflegschaft im Schuljahr JJJJ/JJJJ

Nr.	Name des Kindes	Erziehungsberechtigte(r)	Erziehungsberechtigte(r)
1.			
2.			
3.			
4.			
5.			
6.			
7.			
8.			

2

[Briefkopf der Schule hier einfügen]

Einladung

zur konstituierenden Sitzung der Klassenpflegschaft JJJJ/JJJJ

Sehr geehrte Eltern der Klasse NN,

hiermit lade ich Sie herzlich zur konstituierenden Klassenpflegschaftssitzung im Schuljahr JJJJ/JJJJ ein.

Wir treffen uns **am Wochentag, TT.MM.JJJJ, um hh.mm Uhr** in unserem Klassenraum.

Tagesordnung:

- Begrüßung, Protokollvergabe
- Stundenplan
- klassenspezifische Organisation/Inhalte
- Unterrichtsinhalte
- Wahlen der Klassenpflegschaft
- Verschiedenes

Mit freundlichen Grüßen

12 Einladung mit Tagesordnung

Zur Klassenpflegschaftssitzung lädt der Klassenpflegschaftsvorsitzende ein. Die Einladung muss eine Woche vor dem Sitzungstermin vorliegen und die geplante Tagesordnung enthalten (→ *Idee 11 „Die erste Klassenpflegschaftssitzung"*; → CD 4 *„Einladung zu weiteren Sitzungen der Klassenpflegschaft"*).
Zu Beginn der Klassenpflegschaftssitzung ist darüber zu entscheiden, ob die Tagesordnung wie vorgeschlagen angenommen, umgestellt oder ergänzt werden soll. Der im Vorfeld eingeplante Punkt „Verschiedenes" bzw. „Sonstiges" ermöglicht die Aufnahme weiterer Punkte als Ergänzung. Über die Annahme, Umstellung bzw. Ergänzung der Tagesordnung hat die Klassenpflegschaft abzustimmen.

13 Anwesenheitsliste

Zu jeder Klassenpflegschaft muss eine Anwesenheitsliste (→ CD 3 *„Anwesenheitsliste"*) geführt werden.
Es bietet sich an, eine Klassenliste mit den Namen der Kinder vorzubereiten, die zwei weitere Spalten für die Unterschriften der jeweiligen Elternteile aufweist. So lässt sich später immer nachvollziehen, welches Kind wie vertreten war. Außerdem lassen sich anhand dieser Liste die Wahl des Klassenpflegschaftsvorsitzenden sowie -stellvertreters und andere Abstimmungen leicht durchführen, denn die Anwesenheitsliste gibt einen schnellen Überblick über die zur Verfügung stehenden Stimmen.

4

[Briefkopf der/des Vorsitzenden hier einfügen]

Einladung

zur X. Sitzung der Klassenpflegschaft JJJJ/JJJJ

Sehr geehrte Eltern der Klasse NN,

hiermit lade ich Sie herzlich zur x. Klassenpflegschaftssitzung im Schuljahr JJJJ/JJJJ ein.

Wir treffen uns **am Wochentag, TT.MM.JJJJ, um hh.mm Uhr** in unserem Klassenraum.

Tagesordnung:

- Begrüßung, Protokollvergabe

Informationen aus der Schulpflegschaft:

-
-

Anliegen der Klassenlehrkraft/Schulleitung:

-
-

Anliegen der Elternschaft:

-
-

Verschiedenes:

-

Mit freundlichem Gruß

(Vorsitzende/r)

14 Protokoll

Über jede Sitzung der Klassenpflegschaft ist ein Protokoll anzufertigen. Der Vorsitzende muss sich zu Beginn der Sitzung um die Vergabe des Protokolls kümmern. Erfahrungsgemäß gestaltet sich die Suche nach einem Protokollanten häufig schwierig. Es kann eine Hilfe sein, geeignete Eltern im Vorfeld anzusprechen und um die Protokollführung zu bitten. Auch ein geteiltes Protokoll ist möglich, das mehrere Eltern gemeinsam verfassen und von einer Person abtippen lassen. Bereiten Sie möglichst viele Ihrer eigenen Beiträge so vor, dass sie als Anlage dem Protokoll beigelegt werden können. Das erleichtert das Protokollieren und verringert mögliche Korrekturen im Nachhinein durch falsche oder unvollständige Wiedergabe. Der Hinweis auf diese Anlagen vor Vergabe des Protokolls hilft ebenfalls bei der Suche nach einem Protokollanten.
Das Protokoll kann als Ergebnisprotokoll formuliert werden und muss vom Protokollanten unterschrieben werden. Den Eltern der Klasse ist es anschließend zur Einsichtnahme zugänglich zu machen (→ *Idee 18 „Info-Klassenordner"*).

15 Abstimmungen und Wahlen

Im Rahmen von Klassenpflegschaftssitzungen finden Abstimmungen und Wahlen statt. Diese besitzen nur Gültigkeit, wenn die rechtliche Form gewahrt wird:

- **Ab 50% stimmberechtigter Eltern** ist die Klassenpflegschaft beschlussfähig. Solange die Beschlussunfähigkeit nicht festgestellt wurde, gilt das Mitwirkungsgremium als beschlussfähig. Die Eltern haben pro Kind eine Stimme, d.h. erscheinen beide Elternteile eines Kindes, so werden sie nur mit einer Stimme gezählt. Hat ein Elternteil mehrere Kinder in der Klasse, so hat es entsprechend viele Stimmen.
- Der Vorsitzende der Klassenpflegschaft und sein Stellvertreter müssen **in zwei getrennten Wahlgängen geheim gewählt** werden. Nicht wählbar sind Mitglieder der Lehrerkonferenz, nicht lehrendes Personal der Schule, Personen, denen das Wahlrecht oder das Recht auf Bekleidung eines öffentlichen Amtes richterlich entzogen wurde, oder jemand, der bereits in einer anderen Klasse an derselben Schule die Stellung des Klassenpflegschaftsvorsitzenden hat.

- **Zwei Eltern** sollten die **Wahlleitung** stellen und durch die Wahl den Vorsitz führen. Sie sammeln Kandidatenvorschläge, zählen die Stimmen aus und achten dabei auf die Gültigkeit der Stimmen. Der Kandidat mit den meisten Stimmen hat die Wahl gewonnen. Nach der Wahl wird der Wahlsieger offiziell gefragt, ob er die Wahl annimmt. Bejaht er diese Frage, füllt er ein Formular mit seinen persönlichen Angaben aus, da er Kraft Amtes Mitglied der Schulpflegschaft ist.
- Die Wahl des Vorsitzenden und seines Stellvertreters ist die einzige Abstimmung, die **geheim** erfolgen muss. Alle anderen Abstimmungen im Rahmen einer Klassenpflegschaftssitzung können – soweit sich nicht ein Fünftel der Eltern dagegen ausspricht – offen erfolgen. Wie bei der Wahl des Vorsitzes reicht bis auf wenige Ausnahmen die einfache Mehrheit zur Entscheidung aus.
- **Nicht anwesende Eltern** unterliegen automatisch den von den anderen Eltern mehrheitlich beschlossenen Entscheidungen. Die Abstimmungs- bzw. Wahlergebnisse können sie dem Protokoll (*→ Idee 14 „Protokoll" und → Idee 18 „Info-Klassenordner"*) entnehmen.

16 Aufgabenbeschreibung des Vorsitzenden und seines Stellvertreters

Mit dem Amt als Klassenpflegschaftsvorsitzender oder dessen Vertretung übernehmen Eltern verschiedene Aufgaben.

- Der Klassenpflegschaftsvorsitzende vertritt die Elternschaft der Klasse. Er hat einen Stellvertreter. Beide bilden im Idealfall ein Team. Die beiden Elternvertreter stellen somit das **Bindeglied zwischen Elternschaft und Lehrkraft** dar.
- Sie **sammeln Fragen, Wünsche, Anregungen und Kritik** der Elternschaft und halten Ihnen damit im Tagesgeschäft den Rücken frei. Sie bündeln die oben genannten Aspekte und besprechen sie mit Ihnen. Im Idealfall werden so viele Zeit raubende Einzelgespräche umgangen. Umgekehrt können auch Sie eigene Fragen, Wünsche, Anregungen und Kritik über diese Vertreter an die Elternschaft weitergeben.
- Die Klassenpflegschaftsvorsitzenden **berufen** – sinnvollerweise in Absprache mit Ihnen – **die Klassenpflegschaftssitzungen ein**, d.h., sie vereinbaren den Termin, entscheiden über die Tagesordnung und schreiben die Einladung. Am Klassenpflegschaftsabend leiten sie die Sitzung.

- Darüber hinaus können die Klassenpflegschaftsvorsitzenden in Absprache mit Ihnen **in vielen Bereichen mitwirken**, z.B. Organisation von Klassenfesten, Ausflügen, Mitwirkung bei Schulfesten, Klassenfahrten, Gestaltung des Klassenraumes etc.
- **Die Klassenpflegschaftsvorsitzenden einer Schule bilden die Schulpflegschaft**, aus deren Reihen wiederum Vertreter für das oberste Mitwirkungsgremium, die Schulkonferenz, gewählt werden. Infolgedessen agieren sie auch als Bindeglied zwischen den einzelnen Klassenpflegschaften.

17 Zusammenarbeit mit dem Vorsitzenden und seinem Stellvertreter

Für Sie als Lehrkraft ist die vertrauensvolle Zusammenarbeit mit dem Klassenpflegschaftsvorsitzenden und seinem Stellvertreter unerlässlich.
Es hat sich bewährt, einen festen Gesprächsrhythmus mit den Klassenpflegschaftsvertretern festzulegen, um alles zeitnah zu besprechen und zu klären. Idealerweise trifft man sich dazu „auf neutralem Boden" in der Schule und in einem festgesetzten Zeitrahmen. Für diesen Termin sammeln sowohl Sie als auch die Klassenpflegschaftsvertreter die zu besprechenden Aspekte. In dieser Konstellation sollten alle die Klasse betreffenden Dinge im Vorfeld besprochen werden, sodass Sie und Klassenpflegschaftsvertreter vor den übrigen Eltern gemeinsam agieren.
Sprechen Sie mit dem Vorsitzenden einen festen Zeitrahmen für die Pflegschaftssitzungen ab, und planen Sie eher einen zusätzlichen Termin im Halbjahr, als alles unter Zeitdruck abzuarbeiten. Zu lange Sitzungen können zu Ergebnissen führen, die später in Abrede gestellt oder nicht mehr unterstützt werden, weil alle froh waren, dass die Sitzung endlich beendet war.

18 Info-Klassenordner

Kopien der Protokolle und sonstigen Absprachen, die die gesamte Klasse betreffen, aber auch Elternbriefe sowie wichtige Dokumente, die durch die Schulleitung verteilt werden, sollten in einem Info-Klassenordner gesammelt

werden. Mit diesem Ordner wird das Klassenleben nachvollziehbar dokumentiert. Gleichzeitig haben die Eltern die Möglichkeit, den Ordner einzusehen und sich gegebenenfalls Dokumente daraus zu kopieren. Besonders Eltern, die im Laufe eines Schuljahres zur Klasse hinzukommen, können sich auf diesem Weg schnell informieren.
Der Info-Klassenordner sollte in der Klasse aufbewahrt werden. Die Pflege des Ordners können Sie in die Hände der Klassenpflegschaftsvorsitzenden geben.

19 Klassenliste

Eine Klassenliste kann erst nach Rücksprache mit der Klassenpflegschaft und nach Zustimmung aller Eltern herausgegeben werden. Bei der Zustimmung handelt es sich nicht um einen Mehrheitsbeschluss. Falls Eltern auf dieser Liste – auch bei allgemeiner Zustimmung – nicht erscheinen möchten, ist ihrem Wunsch Folge zu leisten.
Gehen Sie grundsätzlich mit allen Individualdaten der Kinder sehr vorsichtig um, und ermahnen Sie dazu auch die Eltern.
Im Rahmen der Klassenpflegschaftssitzung sollte gemeinsam überlegt werden, welche persönlichen Daten der Kinder auf der Klassenliste erscheinen sollen. Zur klasseninternen Kommunikation genügen die Adresse, Telefonnummer und E-Mail-Adresse. Notfall-Handynummern, Geburtsdatum, Religionszugehörigkeit oder weitere Daten, die sich auf schulinternen Listen in der Regel befinden, sollten nicht veröffentlicht werden. In diesem Zusammenhang hat es sich bewährt, während der Klassenpflegschaftssitzung eine Blanko-Klassenliste (→ CD 5 *„Blanko-Klassenliste"*) herumgehen zu lassen, in die die Eltern die Angaben, die sie veröffentlicht haben wollen, eintragen können. So haben die Eltern die Freiheit, bestimmte Daten preiszugeben und andere für sich zu behalten. Zudem haben Sie einen unmittelbaren Überblick, welche Daten Sie auf der Klassenliste abdrucken dürfen.

5

Klassenliste der Klasse NN im Schuljahr JJJJ/JJJJ

(Hinweis: Alle Angaben sind freiwillig. Eingetragene Angaben werden klassenintern veröffentlicht.)

Name	Vorname	Anschrift	Telefon	E-Mail-Adresse

20 Klassenkasse

In den meisten Klassen wird eine Klassenkasse geführt. Die Einrichtung sollte am Klassenpflegschaftsabend mit den Eltern thematisiert werden. Lassen Sie die Eltern über die Einrichtung der Klassenkasse abstimmen. Nur bei einem eindeutigen Mehrheitsbeschluss sollte diese Kasse angelegt werden. Der Protokollant hält diese Abstimmung schriftlich fest (→ *Idee 14 „Protokoll"*). Hier einige Tipps zum Umgang mit der Klassenkasse:

- Die Eltern sollten sich über den **Einzahlungsbetrag pro Halbjahr absprechen**, abhängig von der geplanten Verwendung. Je nachdem, was alles aus der Klassenkasse bezahlt werden soll, ist ein Betrag zwischen fünf und 15 Euro pro Kind sinnvoll.
- Die Eltern sollten **festlegen, wofür das Geld genau verwendet werden soll**. Der häufigste Zweck ist sicher die Bezahlung von Kopien für die Klasse und die Bereitstellung von Bastel- und Kunstmaterial. Möglicherweise können aber auch Hefte, Eintritte, Geschenke etc. aus diesem Topf finanziert werden. Unzufriedenheit entsteht, wenn die Klassenkasse scheinbar immer leer ist, weil zu vielerlei und ohne genaue Absprache daraus bezahlt wird. Die Verwendung der Klassenkasse sollte im Protokoll stehen. Bei jedem Elternabend kann die Kassenverwaltung einen kurzen Bericht über die Ausgaben und den Finanzstand geben.
- Es ist sinnvoll, einem von den Eltern gewählten Elternteil die **Verwaltung der Klassenkasse** zu übertragen, am besten jemandem, der selbst ein zuverlässiges Kind in der Klasse hat. In der Regel werden Zahlungen und Einsammlungen nämlich über dieses Kind ablaufen. Ist dieses Kind wenig belastbar und unzuverlässig, wirkt sich dies insgesamt negativ aus.
- Als Klassenlehrer können Sie anbieten, die notwendigen **Einsammlungen** und den **Rechnungsverkehr** an die Klassenkassenverwaltung zu übernehmen. Einzusammelndes Geld sollten Sie nur abgezählt entgegennehmen. Dazu eignet sich entweder ein verschlossener Umschlag, mit dem Namen des Kindes und dem Betrag beschriftet, oder ein leeres Filmdöschen, das als „Geldbombe" zum Transport genutzt wird. Die leere „Geldbombe" im Ranzen ist das Signal für die Einsammlung. Die „Geldbombe" können die Kinder mit einem Aufkleber und dem passenden Betrag beschriften. Sie sollten sich als Klassenlehrer notieren, wann sie welche Geldbeträge und von wem an das „Klassenkassenkind" weitergegeben haben. Ein abgesprochener kurzer Eintrag im Mitteilungsheft (→ *Idee 66 „Mitteilungsheft"*) erleichtert der Klassenkassenverwaltung die Ranzenkontrolle.

- Bereits frühzeitig sollte abgestimmt werden, was zum Schuljahresende mit etwaigen **Restbeträgen** geschehen soll. Denkbar ist die Übertragung auf das nächste Schuljahr. Das empfiehlt sich jedoch nur bei gleich bleibender Zusammensetzung der Klasse. Möglich ist auch eine Rückzahlung der Restbeträge, die jedoch der Klassenkassenverwaltung in der Regel viel Arbeit verursacht, da das Geld in entsprechende Münzen gewechselt und für jedes einzelne Kind verpackt werden muss. Je nach Betrag ist es auch denkbar, für alle Kinder ein Abschluss-Eis o.Ä. zu kaufen oder das Geld mit den Ausgaben eines Klassenfestes zum Schuljahresabschluss zu verrechnen.

21 Telefonkette

In besonderen Fällen kann die Information aller Schüler durch eine Telefonkette sinnvoll sein. Legen Sie die Vorgehensweise genau fest. Nutzen Sie dieses oft schwierig durchzuführende Instrument nur in besonderen Ausnahmefällen. Günstig ist es, die Liste von zwei Seiten zu beginnen. Das heißt, die erste Person auf der Liste ruft die zweite an etc., während gleichzeitig die letzte Person der Liste die vorletzte anruft etc. Auf diese Weise trifft man sich in der Mitte. Legen Sie auch fest, wie die Eltern vorgehen sollen, wenn sie die anzurufende Person nicht erreichen, um ein Abbrechen der Kette zu verhindern. Ein mögliches Vorgehen ist, dass sie bei Nicht-Erreichen der nächsten Familie die übernächste Familie anrufen. Die zunächst nicht erreichte Familie wird anschließend noch einmal kontaktiert, muss jedoch selbst niemanden mehr informieren.

22 (Halb-)Jahresplanung

Legen Sie alle Aktivitäten, Feste oder Ausflüge mit der Klasse für ein halbes oder sogar ganzes Schuljahr in Absprache mit Ihren Klassenpflegschaftsvorsitzenden und den Eltern fest. Dabei geht es nicht unbedingt darum, bereits alles bis ins Detail zu wissen, sondern die Art, die Zahl der Aktivitäten und die ungefähren Zeiträume abzusprechen. Auf diese Weise halten Sie den eigenen Stress und auch den der Eltern geringer. Orientieren Sie sich dabei am Jahresplan der Schule. Hilfreich ist es auch, sich thematisch an den

geplanten Sachunterrichtsthemen zu orientieren. Sie sollten jedoch beachten, dass Sie nicht zu viele Aktivitäten planen, denn angekündigte, dann aber aus zeitlichen Gründen nicht mehr durchgeführte Aktionen führen bei allen Beteiligten zu unnötigen Enttäuschungen.
Bilden Sie kleine Organisationsteams, die sich um die einzelnen Events kümmern und diese planen. Das entlastet Sie persönlich, gibt vielen Eltern die Gelegenheit zur Mitarbeit und belastet nicht immer die gleichen Personen (→ *Idee 70 „Bildung eines Festkomitees"*). Diese Vorgehensweise verhindert langfristig auch Unzufriedenheit, weil so jeder einmal drankommt und etwas mit vorbereiten muss.

23 Hilfen im Alltag

Mit der Bildung kleiner Organisationsteams (→ *Idee 22 „(Halb-)Jahresplanung"*) ist bereits ein Bereich von Hilfen im Alltag formuliert. Darüber hinaus gibt es viele Aufgaben, bei denen die Eltern Sie hilfreich unterstützen können. Dazu gehören u.a.

- Aufsichtsunterstützung/Begleitung beim Besuch außerschulischer Lernorte
- Vorbereitung eines gemeinsamen Frühstücks, Karnevalsbuffets oder Adventkaffees
- Unterstützung beim An- und Ausziehen zum Schwimmen/Sportunterricht
- Beaufsichtigung des Föhnens nach dem Schwimmunterricht im Schwimmbad oder später in der Schule
- Mitarbeit bei Unterrichtsprojekten oder Durchführung von Werkstätten
- Angebot von Mitfahrgelegenheiten (soweit rechtlich erlaubt)
- Besorgen besonderer Materialien (z.B. Stoffreste, Korken, Schuhkartons etc.)
- Möglichkeiten, Kopien anzufertigen.

Wichtig ist, dass Sie diese Bereiche bewusst und konkret nennen und auch die Art der Hilfe definieren, die Sie sich wünschen. Warten Sie nicht darauf, dass Eltern bemerken oder „bemerken müssten", wo sie hilfreich mitwirken können. Eine Abfrage über eine Liste am ersten Klassenpflegschaftsabend im Schuljahr erleichtert Ihnen im Bedarfsfall die Organisation, da Sie lediglich die auf der Liste eingetragenen Personen kontaktieren müssen. Außerdem haben Sie einen besseren Überblick, wer Ihnen wann und wie bereits geholfen hat und wer noch nicht (→ *Kap. 8 „Einbindung von Eltern"*).

24 Anschaffungen

Falls Sie zusätzliche Arbeitsmittel anschaffen wollen, die nur für Ihre Klasse eingesetzt werden sollen, ist es sinnvoll, das entsprechende Material am Klassenpflegschaftsabend zur Anschauung bereitzuhalten.
Schildern Sie die Gründe und Vorteile des Einsatzes, und geben Sie dann eine Liste herum, auf der alle Kindernamen stehen (→ 6 *„Namensliste"*). Bitten Sie die Eltern, die mit der Anschaffung einverstanden sind, hinter dem Namen ihres Kindes zu unterschreiben. Auf diese Weise erhalten Sie schnell ein Meinungsbild, vermeiden aber eine Abstimmung, auf die Sie unter Umständen enttäuscht reagieren müssten. Eltern fällt es oft leichter, einer Sache zuzustimmen, wenn sie sich dafür nicht öffentlich melden müssen. Die Liste kann herumgehen, während Sie in der Tagesordnung weitergehen. Sobald die Liste wieder bei Ihnen vorliegt, sehen Sie auf einen Blick, wie sich die Mehrheitsverhältnisse darstellen. Sie können das Ergebnis anschließend verkünden.

25 Elternwünsche

Besprechen Sie mit Ihrem Klassenpflegschaftsvorsitzenden, dass sich die Eltern mit ihren Wünschen und Vorschlägen im Vorfeld der Sitzung an den Vorsitzenden wenden sollen. Dieser bündelt die Wünsche und trägt sie vor, bespricht sie jedoch am besten vorher mit Ihnen. So können Sie sich praktikable Lösungen überlegen und diese anbieten. Versuchen Sie, spontane Vorschläge von Eltern zu unterbinden, da diese meist zu langen Diskussionen und zur unnötigen Ausdehnung von Klassenpflegschaftssitzungen führen.

6

Namensliste der Klasse NN im Schuljahr JJJJ/JJJJ

Nr.	Name des Kindes	Erziehungsberechtigte(r)
1.		
2.		
3.		
4.		
5.		
6.		
7.		
8.		
9.		
10.		
11.		
12.		
13.		
14.		
15.		
16.		
17.		
18.		
19.		
20.		
21.		
22.		
23.		
24.		
25.		
26.		
27.		
28.		
29.		
30.		

Autoren: Anke Hennig, Sabine Willmeroth
ISBN 978-3-8346-0935-9 – www.verlagruhr.de

26 Materialliste

Stellen Sie den Eltern für Ihre Materialwünsche frühzeitig – möglichst vor den Sommerferien – eine Liste (→ 7 *„Materialliste"*) zur Verfügung. Das ermöglicht ihnen, die Materialien stressfreier, möglichst günstig und vor allem vollständig zu besorgen.

Die auf der CD mitgelieferte Liste enthält das Material für alle vier Schuljahre. Ergänzen Sie bitte die jeweiligen Mengenangaben je nach Bedarf. Vor dem Material befindet sich jeweils ein Kästchen zum Ankreuzen. Angekreuztes Material muss von den Eltern besorgt oder auf Vollständigkeit überprüft werden.

Diese Liste sollte sämtliche für den Unterricht notwendigen Materialien umfassen, also auch solche, die die Kinder bereits besitzen. Die Liste dient damit nicht nur als Anschaffungsliste, sondern auch als Checkliste, ob die notwendigen Materialien noch einsatzbereit sind oder gesäubert, repariert bzw. ersetzt werden müssen.

Beachten Sie, dass Sie in der Liste keine Markennamen von Materialien vorgeben. Im stark umkämpften Schreibwarenbereich haben Herstellerfirmen damit begonnen, gegen Lehrer, die Marken in ihren Materiallisten vorgeben, rechtlich vorzugehen.

Erläutern Sie die Liste und den Umgang damit im Rahmen eines Elternabends. Auf diese Weise werden die Eltern von der Fülle der aufgelisteten Materialien nicht „erschlagen" und können bei Unklarheiten sofort nachfragen, anstatt das falsche bzw. kein Material zu besorgen. Außerdem können Sie genauere Hinweise zu Materialeigenschaften o.Ä. (z.B. Zirkel mit Schnell- und Feineinstellmöglichkeit, Farbintensität des Wasserfarbkastens) geben, die den Umgang damit evtl. beeinflussen.

Für das neue Schuljahr benötigt Ihr Kind:	„Fach":	erledigt:
Hefte	BITTE NUR LÖSCHBLÄTTER MIT NAMEN VERSEHEN!	
☐ x DIN-A6-Heft (Oktavheft)		
☐ x DIN-A4-Hefte Lineatur Nr. X		
☐ x DIN-A4-Hefte Lineatur Nr. X		
Heftumschläge		
☐ x roten DIN-A4-Heftumschläge	DEUTSCH	
☐ x orangefarbenen DIN-A4-Heftumschlag	DEUTSCH (ARBEIT)	
☐ x grünen DIN-A4-Heftumschlag		
☐ x dunkelblauen DIN-A4-Heftumschlag	MATHEMATIK	
☐ x hellblauer DIN-A4-Heftumschlag	MATHEMATIK (ARBEIT)	
Schnellhefter		
☐ x roten DIN-A4-Schnellhefter	DEUTSCH	
☐ x blauen DIN-A4-Schnellhefter	MATHEMATIK	
☐ x weißen DIN-A4-Schnellhefter	ENGLISCH	
☐ x gelben DIN-A4-Schnellhefter (+ 1 Prospekthülle)	ELTERNPOST	
Ordner		
☐ x schmalen Aktenordner	SACHUNTERRICHT	
Kunstmaterial	BITTE MIT NAMEN VERSEHEN!	
☐ Malkittel (z.B. altes Hemd)		
☐ Borstenpinsel der Nr. 4, Nr. 8 und Nr. 12		
☐ Haarpinsel der Nr. 6 und 8		
☐ Wasserfarbkasten mit 12 Farben		
☐ Tube Deckweiß		
☐ Wassertöpfchen		
☐ Wachsmaler, kleine Packung		
☐ Lappen (ca. 30 cm x 30 cm)		
☐ Zeichenblock DIN A3		
☐ Sammelmappe für DIN-A3-Blätter		
Sport	BITTE MIT NAMEN VERSEHEN!	
☐ Sportbeutel		
☐ Turnhose		
☐ Turnhemd		
☐ Paar feste Turnschuhe		
Sonstiges	BITTE MIT NAMEN VERSEHEN!	
☐ vollständiges Mäppchen (mit Füller, 2 Bleistiften 2B, Buntstiften)		
☐ Anspitzer mit Auffangbehälter		
☐ Würfel und Spielfigur		
☐ kurzes Lineal (ca. 16 cm; im Mäppchen)		
☐ langes Lineal (ca. 30 cm)		
☐ Geodreieck		
☐ einfachen Taschenrechner		
☐ Zirkel		
☐ spitze Schere		

☐ Klebestift	BITTE MIT NAMEN VERSEHEN!	
☐ Flasche Flüssigkleber		
☐ hellblauen Fineliner als Korrekturstift		
☐ wasserlöslichen Folienstift (Stärke F)		
☐ Lappen (z.B. Spüllappen) für Folienstift		
☐ Heftstreifen		
☐ Block mit Schreiblinien (Lineatur X)		
☐ 50 Blatt DIN-A4-Ringbucheinlagen unliniert		
☐ 50 Blatt DIN-A4-Ringbucheinlagen liniert		
☐ 50 Blatt DIN-A4-Ringbucheinlagen kariert		
☐ Prospekthüllen		
☐ Briefumschläge (z.B. C6 ohne Fenster)		
☐ Frühstücksdose		
☐ Paar Hausschuhe mit wasserfester Sohle		

27 Material

Sammeln Sie die notwendigen Materialien (Hefte, Bücher etc.) zu Beginn des Schuljahres von allen Kindern, mit Namen beschriftet, ein, und verwahren Sie diese in der Klasse. So stellen Sie sicher, dass alles an dem Tag, an dem das Material benötigt wird, auch zur Verfügung steht.
Üben Sie mit den Kindern das Ausräumen der Schultasche, sodass alle nicht täglich verwendeten Materialien in der Schule verbleiben. Das erleichtert die Schultaschen und Ihre Arbeit.
Erklären Sie diese Vorgehensweise auch den Eltern.
Besprechen Sie mit Eltern darüber hinaus, wie die Kinder mit den einzelnen Materialien arbeiten sollen, z.B. Verwendung von Bleistiften bei Verbrauchsmaterialien, ausschließliche Bearbeitung bestimmter Arbeitshefte in der Schule, Varianten der Überarbeitung und Korrektur durch die Kinder etc.
Es kann hilfreich sein, die wichtigsten Aspekte auf ein kleines Merkblatt (→ CD 8 *„Merkblatt Verbrauchsmaterial"*) zu schreiben, das vorne in das jeweilige Arbeitsmittel eingeklebt wird.
Dies macht in gleicher Weise bei Ausleihbüchern Sinn. Erstellen Sie auch hierfür ein Merkblatt (→ CD 9 *„Merkblatt Verleihmaterial"*), und befestigen Sie es in dem betreffenden Buch.

8

Merkblatt zum Umgang mit Verbrauchsmaterial

(überflüssige Sätze löschen)

Dieses Heft gehört dir. Du darfst hineinschreiben. Halte dabei folgende Regeln ein:

Arbeite darin nur in der Schule.

Arbeite darin nur zu Hause.

Arbeite darin in der Schule und zu Hause.

Bearbeite alle Aufgaben der Reihe nach.

Bearbeite nur die angegebenen Aufgaben.

Bestimme die Bearbeitung der Aufgaben selbst.

Schreibe immer mit Bleistift.

Radiere Fehler aus.

Führe Korrekturen mit einem hellblauen Stift aus.

Beachte folgende Zeichen:

(Korrekturzeichen oder Hinweise aufführen und erklären)

Zeige durch deine Unterschrift, dass du diese Regeln gelesen hast
und dich daran halten willst

______________ ______________________________

Datum Unterschrift

Autoren: Anke Hennig, Sabine Willmeroth
ISBN 978-3-8346-0935-9 - www.verlagruhr.de

9

Merkblatt zum Umgang mit Verleihmaterial

(überflüssige Sätze löschen)

Dieses Heft/Buch gehört der Schule. Du bekommst es geliehen. Zum Ende der Unterrichtseinheit oder des Schuljahres musst du das Heft/Buch zurückgeben.

Halte dabei folgende Regeln ein:

Arbeite darin nur in der Schule. Du darfst das Heft/Buch nicht mit nach Hause nehmen.

Arbeite darin in der Schule und zu Hause. Du darfst das Heft/Buch mit nach Hause nehmen.

Schütze das Heft/Buch mit einem Umschlag, der nicht festgeklebt wird.

Du darfst in das Heft/Buch nicht hineinschreiben.

Achte darauf, dass du das Heft/Buch nur mit sauberen Händen anfasst.

Achte darauf, dass im Heft/Buch keine Seite geknickt wird.

Wenn du das Heft/Buch beschädigst, musst du es durch ein neu gekauftes ersetzen.

Zeige durch deine Unterschrift, dass du diese Regeln gelesen hast und dich daran halten willst.

________________ ______________________________________

Datum Unterschrift

Autoren: Anke Hennig, Sabine Willmeroth
ISBN 978-3-8346-0935-9 – www.verlagruhr.de

28 Unterrichtsinhalte

Es ist nicht notwendig, die Unterrichtsinhalte der einzelnen Fächer im Detail und in der geplanten Reihenfolge zu nennen. Sie müssen immer damit rechnen, dass Sie dann von Eltern darauf festgelegt und bei notwendigen Veränderungen dazu befragt werden. Geben Sie daher die Themen nur grob und ohne bestimmte Reihenfolge bekannt. Verweisen Sie die Eltern auch auf die Richtlinien und Lehrpläne, die sie sich im Internet herunterladen können und die den Rahmen und die Legitimation Ihrer Arbeit bilden.

29 Absprachen und Regelungen

Absprachen und Regelungen sollten Sie über die Protokolle (→ *Idee 14 „Protokoll"*) oder gesondert, aber schriftlich, festhalten und im Info-Klassenordner (→ *Idee 18 „Info-Klassenordner"*) einheften. Alle Eltern können sich darin informieren.
Regeln Sie z.B. die Art und Weise, wie Sie mit den Kindern Geburtstag feiern, was mitgebracht werden darf, ob und welche Geschenke gemacht werden. Klären Sie auch andere Rituale, wie den Morgenkreis, Aufteilsituationen im Krankheitsfall, Nachrichtenübermittlung im Krankheitsfall etc.

30 Probleme in der Klasse

Probleme, die Sie mit der gesamten Klasse haben, sollten Sie bei den Eltern ansprechen und gemeinsam mit ihnen nach Lösungen suchen.
Probleme einzelner Kinder untereinander oder Probleme mit einzelnen Kindern sollten Sie nur mit deren Eltern besprechen.
In gravierenden Fällen, die meist den Verhaltensbereich betreffen, kann es sehr hilfreich sein, alle Kollegen, die das Kind unterrichten, zu einem gemeinsamen Gespräch mit den Eltern zu bitten (→ *Idee 106 „Elterngespräche mit allen unterrichtenden Kollegen"*). Oft stärkt die „geballte" Lehrerpräsenz den eigenen Rücken und macht den Eltern deutlich, dass die aufgezeigten Probleme mit dem Kind nicht nur Ihren Unterricht betreffen. Häufig sind Eltern dann bereit, sich auf Ratschläge oder Hilfsangebote einzulassen.

31 Elternstammtisch

Die Elternschaft einer Klasse organisiert vielfach einen so genannten „Elternstammtisch", d.h., sie trifft sich in regelmäßigen Abständen abends in einer Gaststätte o.Ä., um sich in einem inoffiziellen Rahmen über schulische Angelegenheiten auszutauschen. Wie der Name schon sagt, handelt es sich um eine Veranstaltung von und für Eltern. Vielfach werden jedoch auch die Lehrkräfte dazu eingeladen.
Wenn Sie an Veranstaltungen teilnehmen, können Sie dies – im Gegensatz zu Eltern – niemals in einem inoffiziellen Rahmen tun. Es ist im Grunde nicht möglich, sich so neutral zu unterhalten, dass Sie nicht doch irgendwelche Informationen, Stellungnahmen oder Meinungen zu aktuellen Schulaspekten an einige Eltern weitergeben, die nicht in den Rahmen solcher Veranstaltungen gehören. Egal wie Sie sich verhalten und was Sie auf welche Art und Weise sagen, es wird mit Sicherheit gegen Sie verwendet. Schließlich wissen Sie selbst nicht mehr, in welchem Rahmen Sie was gesagt haben und machen sich damit selbst unsicher und angreifbar.
Es ist daher ratsam, Einladungen zu Elternstammtischen dankend abzulehnen, z.B. mit dem Verweis, dass es eine Austauschmöglichkeit allein für die Eltern darstellt. Sie helfen damit auch allen nicht teilnehmenden Eltern, da diese wissen, dass nichts Offizielles an ihnen vorbeigeht.

3 Elternsprechtag

Elternsprechtage bieten Eltern und Lehrern die Gelegenheit, mindestens 2-mal jährlich zu festgelegten Zeiten über das jeweilige Kind miteinander ins Gespräch zu kommen.

32 Terminierung

Elternsprechtage sollten möglichst zwischen den jeweiligen Halbjahreszeugnissen liegen, damit getroffene Absprachen für die Benotung auf dem nächsten Zeugnis noch wirksam werden können. Sofern der Termin nicht von der Schulleitung festgelegt ist, sollten Sie einige Dinge bei der Terminierung beachten:

- Bedenken Sie, dass Sie auch Gesprächszeiträume für berufstätige Eltern am späten Nachmittag bzw. Abend in ausreichendem Maße zur Verfügung stellen. Diese späten Termine sollten Sie auch einplanen, wenn Sie Wert darauf legen, beide Elternteile eines Kindes zu sprechen.
- Packen Sie sich Ihre Beratungstage nicht zu voll, nutzen Sie lieber mehrere Tage.
- Beginnen Sie mit den Gesprächen nicht unmittelbar nach dem Unterricht, sondern machen Sie zunächst eine Mittagspause, und essen Sie etwas. Planen Sie aber auch im Laufe eines Elternsprechnachmittages für sich selbst Pausen ein. Sie sollten dazwischen Zeit für ein Getränk oder einen weiteren Imbiss haben.
- Bedenken Sie, dass Elterngespräche emotional aufwühlen können. Wenn Sie kritische Gespräche erwarten, terminieren Sie diese nicht nacheinander, sondern mit unkomplizierten Gesprächen dazwischen.

33 Zeitintervall

Die Gesprächsdauer am Elternsprechtag sollte 15 Minuten nicht überschreiten. Bieten Sie im Notfall einen weiteren Gesprächstermin an.

Ist von vornherein ein längeres Gespräch mit einzelnen Eltern notwendig, sollten Sie einen Termin außerhalb der Elternsprechtage vereinbaren und die entsprechenden Eltern darauf hinweisen, dass ein Gespräch an den Elternsprechtagen damit nicht mehr notwendig ist.
Sie sollten im Rahmen eines Elterngespräches immer eine gewisse Zeit einplanen, um von den Eltern mehr über das Kind zu erfahren bzw. Elternanliegen und -fragen Raum geben zu können. Signalisieren Sie den Eltern, dass Sie sich ihre Anliegen anhören wollen.

34 Verpasste Termine

Hin und wieder halten Eltern den mit Ihnen vereinbarten Gesprächstermin – aus welchen Gründen auch immer – nicht ein. Notieren Sie sich in einem solchen Fall, wer den Termin nicht wahrgenommen hat (→ *Idee 36 „Terminliste"*), und überlegen Sie sich bereits im Vorfeld, wie Sie mit den entsprechenden Eltern umgehen wollen. Meist wünschen diese Eltern einen anderen Termin. Im Sinne der guten Zusammenarbeit sollten Sie einen Ausweichtermin anbieten. Dieser kann jedoch mit einem gewissen Abstand zum eigentlichen Elternsprechtag liegen, und es muss sich natürlich auch nicht mehr unbedingt um einen Abendtermin handeln.

35 Einladung

Die Einladung zu Elternsprechtagen (→ *10 „Einladung Elternsprechtag"*) sollte möglichst frühzeitig, ca. zwei Wochen vor der Durchführung, schriftlich erfolgen (→ *Idee 18 „Info-Klassenordner"*). Auf diese Weise haben sowohl die Eltern als auch Sie ausreichend Zeit für eine Terminrückmeldung. Geben Sie den Eltern über einen abtrennbaren Rückmeldeabschnitt auf der Einladung die Möglichkeit, Ihnen Terminwünsche mitzuteilen. Damit Sie trotz der Elternwünsche die Entscheidung über die genaue Terminvergabe haben, ist es ratsam, den Eltern die Wahlmöglichkeit zwischen Zeiträumen (z.B. im Stundentakt) zu gewähren. Den o.g. Rückmeldeabschnitt sollten Sie auch für die Bekanntgabe des endgültig festgelegten Termins nutzen. Eltern sehen dadurch auf einen Blick, ob Sie ihnen im gewünschten Zeitraum einen Termin gewähren konnten.

10

[Hier Briefkopf der Schule einfügen]

Elternsprechtag der 1.–4. Schuljahre

Ort, TT.MM.JJJJ

Sehr geehrte Eltern der Klasse NN,

für unseren Elternsprechtag in diesem Schulhalbjahr haben wir die Woche vom TT. bis TT. Monat JJJJ vorgesehen, um einen individuellen Gesprächstermin zu vereinbaren. Sie können Ihre Terminwünsche für die unten genannten Zeiten abgeben und erhalten dann eine Rückmeldung. Diese erhalten Sie auch, wenn von Ihrer Seite kein Gesprächsbedarf besteht.
Alle Eltern, die Termine bei FachlehrerInnen wünschen, werden gebeten, diese individuell über das Mitteilungsheft des Kindes abzusprechen. Bitte haben Sie Verständnis, dass auch in Sprechstunden der 15-Minuten-Rhythmus eingehalten werden muss.
Als Klassenlehrer/in Ihres Kindes biete ich an folgenden Nachmittagen Gesprächstermine an:

Wochentag, TT. Monat JJJJ, von hh.mm bis hh.mm Uhr
Wochentag, TT. Monat JJJJ, von hh.mm bis hh.mm Uhr

Mit freundlichen Grüßen

\- Klassenlehrer/in -

✂---

(Bitte hier abtrennen, Zutreffendes ankreuzen und an die Schule **bis Wochentag, TT.MM.JJJJ,** zurückgeben.)

☐ Ich habe/Wir haben *keinen* Gesprächsbedarf.

☐ Ich bitte/Wir bitten um einen Gesprächstermin

am Wochentag, TT. Monat JJJJ	**am Wochentag, TT. Monat JJJJ**
in der Zeit von	in der Zeit von
☐ 15.00 bis 16.00 Uhr	☐ 16.00 bis 17.00 Uhr
☐ 16.00 bis 17.00 Uhr	☐ 17.00 bis 18.00 Uhr
☐ 17.00 bis 18.00 Uhr	☐ 18.00 bis 19.00 Uhr

(Hinweis: Kreuzen Sie aus organisatorischen Gründen bitte <u>zwei</u> Zeiträume an.)

Name: ______________________________ Klasse: ________

Ort, ______________ ______________________________

Unterschrift des/der Erziehungsberechtigten

Rückantwort der Schule

☐ Ich sehe ebenfalls *keinen* Gesprächsbedarf.

☐ Ich sehe Gesprächsbedarf. Kreuzen Sie bitte doch zwei für Sie passende Zeiträume an.

☐ Ich habe für Sie einen Gesprächstermin am ____________ um ______ Uhr reserviert.

Ort, ______________ ______________________________

Unterschrift der Klassenlehrerin/ des Klassenlehrers

ISBN 978-3-8346-0935-9 • www.verlagruhr.de

111 Ideen für eine gewinnbringende Elternarbeit

36 Terminliste

Stellen Sie nach Rücklauf aller Rückmeldeabschnitte anhand der Elternwünsche eine Terminübersicht auf, aus der hervorgeht, wer in welchem Zeitraum an der Reihe ist (→ *11 „Terminübersicht“*). Notieren Sie sich auf dieser Liste, wann Sie mit wem gesprochen haben (z.B. beide Elternteile, nur Mutter …). Das kann in Streitfällen später wichtig sein. Hängen Sie am Elternsprechtag eine Kopie dieser Liste gut sichtbar an die Tür (→ *12 „Terminaushang“*). So sind Sie sicher, dass Sie nicht durch wartende Eltern gestört werden. Gleichzeitig können Sie Ihre Gesprächspartner darauf hinweisen, dass Sie diese Liste einhalten müssen und nicht überziehen können.

11

Elternsprechnachmittage

Wochentag, TT.MM.JJJJ		Wochentag, TT.MM.JJJJ		gesonderte Termine	
Zeit	**Name**	**Zeit**	**Name**	**Zeit**	**Name**
15.00		16.00			
15.15		16.15			
15.30		16.30			
15.45		16.45			
16.00		17.00			
16.15		17.15			
16.30		17.30			
16.45		17.45			
17.00		18.00			

12

Elternsprechtag

am

Wochentag, TT. Monat JJJJ

von 15.00 Uhr bis 18.00 Uhr

Zeit	Name
15.00 Uhr	
15.15 Uhr	
15.30 Uhr	
15.45 Uhr	
16.00 Uhr	

37 Inhalte

Legen Sie die Inhalte eines Elterngespräches im Vorhinein für sich fest. Themen wie Arbeits- und Sozialverhalten, Leistungsstand in den einzelnen Fächern oder klassenspezifische Aspekte sollten Sie mit den Eltern aller Kinder besprechen. Darüber hinaus gibt es in der Regel sehr individuelle Themen, z.B. besondere Vorkommnisse, die Sie ausschließlich mit den Eltern des jeweiligen Kindes besprechen sollten.
Sprechen Sie niemals mit Eltern über andere Kinder oder andere Eltern. Lassen Sie sich auch nie von Eltern in solche Gespräche verwickeln, und nehmen Sie keine Stellung zu Aussagen von Eltern über andere Kinder.

38 Positionspapier

Um das Gespräch in der zur Verfügung stehenden Zeit so effektiv wie möglich zu führen, sollten Sie über jedes Kind zuvor zusammenfassende Notizen (→ *13 „Positionspapier Elternsprechtag"*) machen. Sie dienen als Gesprächsgrundlage, können einfach durch weitere Notizen, z.B. zum Arbeits- und Sozialverhalten (→ *14 „Beobachtungsbogen Arbeits- und Sozialverhalten"*) ergänzt werden und helfen bei zukünftigen Gesprächen o.Ä., sich den Gesprächsinhalt (→ *Idee 37 „Inhalte"*) schnell wieder in Erinnerung zu rufen. Ein entsprechendes Positionspapier bleibt allerdings in Ihren Händen und wird den Eltern nicht ausgehändigt. Sammeln Sie alle Gesprächsvorbereitungen in einer Schülerakte. So können Sie immer wieder auf Inhalte und Absprachen zurückgreifen.

39 Schülerdokumente

Bei vielen Elterngesprächen ist es äußerst hilfreich, wenn Sie Ihre Ausführungen zu dem jeweiligen Kind mit Schülerdokumenten belegen können. Planen Sie im Vorfeld, ob und welche Dokumente Sie den Eltern zeigen wollen. Eltern haben ein Recht darauf, Schülerdokumente, die in der Schule verbleiben, von Zeit zu Zeit einzusehen. Als geistiges Eigentum des Kindes werden diese Dokumente dem Kind spätestens mit dem Verlassen der Schule ausgehändigt.

13

Positionspapier für den Elternsprechtag am ________________

Name des Kindes: ______________________________ **Klasse:** __________

Beobachtungen zum Arbeits- und Sozialverhalten:

- ____
- ____
- ____
- ____
- ____
- ____

Hinweise zu den Lernbereichen und Fächern:

Fach: __________

- ____
- ____
- ____
- ____

Fach: __________

- ____
- ____
- ____
- ____

Fach: __________

- ____
- ____
- ____
- ____

Fach: __________

- ____
- ____
- ____
- ____

Autoren: Anke Hennig, Sabine Willmeroth
ISBN 978-3-8346-0935-9 · www.verlagruhr.de

Beobachtungen zum Arbeits- und Sozialverhalten im Schuljahr JJJJ/JJJJ (X. Halbjahr)

für Vorname Nachname Klasse: NN Klassenlehrer/in: Nachname

Arbeitsverhalten					
Kompetenzbereich					Anmerkungen (bei Bedarf)
Leistungsbereitschaft	immer	oft	selten	noch nicht	
arbeitet konzentriert, auch über einen längeren Zeitraum	☐	☐	☐	☐	
strengt sich auch bei ungeliebten Aufgaben und Anforderungen an	☐	☐	☐	☐	
fragt gezielt und sachgerecht nach und verlangt Klärung, wenn er/sie eine Aufgabe oder einen Arbeitszusammenhang nicht versteht	☐	☐	☐	☐	
erkennt Schwierigkeiten, fragt nach, holt sich Unterstützung, ohne frühzeitig aufzugeben	☐	☐	☐	☐	
sucht neue Aufgaben und zeigt Initiative	☐	☐	☐	☐	
zeigt Interesse an neuen Themen und Aufgabenstellungen und nimmt diese in Angriff	☐	☐	☐	☐	
Zuverlässigkeit/Sorgfalt	immer	oft	selten	noch nicht	
erscheint pünktlich zum Unterricht und zu vereinbarten Terminen	☐	☐	☐	☐	
hält Absprachen gewissenhaft und zuverlässig ein	☐	☐	☐	☐	
erledigt Aufgaben vollständig und termingerecht	☐	☐	☐	☐	
führt Hefte und Arbeitsunterlagen ordentlich und nach den vereinbarten Vorgaben	☐	☐	☐	☐	
hält Lern- und Arbeitsmaterialien in ordentlichem Zustand bereit	☐	☐	☐	☐	
geht mit Büchern, Materialien, Geräten usw. verantwortungsbewusst und sachgerecht um	☐	☐	☐	☐	

Die Kriterien wurden angelehnt und teilweise entnommen aus „Förderung und Feedback: Aussagen zum Arbeits- und Sozialverhalten sowie Würdigung außerunterrichtlichen und außerschulischen ehrenamtlichen Engagements (Handreichung)" MSWW NRW, September 2011.

Seite 1 von 2

Autoren: Anke Hennig, Sabine Willmeroth
ISBN 978-3-8346-0935-9 – www.verlagruhr.de

40 Gesprächsprotokoll

Absprachen, die Sie am Elternsprechtag mit den Eltern treffen, sollten in einem Gesprächsprotokoll schriftlich festgehalten und von beiden Seiten unterschrieben werden (→ *15 „Gesprächsprotokoll"*). Die Eltern erhalten eine Kopie dieses Protokolls, z.B. über die Postmappe (→ *Idee 64 „Elternbrief"*).

© boscopics – Fotolia.com

15

Gesprächsprotokoll

Datum: ____________ Zeit: ________–________

Gesprächsort: ______________________________

Gesprächsteilnehmer: ______________________________

Gesprächsanlass: ______________________________

Gesprächspunkte:

- ______________________________
- ______________________________
- ______________________________
- ______________________________
- ______________________________
- ______________________________

Ergebnisprotokoll:

____

____

____

____

____

____

Verbindliche Absprachen:

____

____

____

Unterschriften der Gesprächsteilnehmer:

____

____

ISBN 978-3-8346-0935-9 · www.verlagruhr.de

41 Getrennt lebende Eltern

In der Regel haben getrennt lebende Eltern heute das gemeinsame Sorgerecht über das gemeinsame Kind. Nicht selten gibt es aber zwischen den Elternteilen Kommunikationsprobleme, die in Form von Ansprüchen bei Ihnen sichtbar werden können.
Häufig möchten beide Elternteile getrennt von Ihnen über alle Dinge, die das gemeinsame Kind betreffen, informiert werden. Getrennt lebende Elternteile haben jedoch die Pflicht, sich gegenseitig zu informieren. Sie sind als Lehrkraft nicht verpflichtet, alle Informationen doppelt zu geben. Die schriftlichen Informationen erhält der Partner, bei dem das Kind lebt. Machen Sie den Eltern klar, dass Sie sich nicht in mögliche Streitigkeiten oder Kommunikationsprobleme einmischen. Erklären Sie im Vorfeld, dass Sie nur einen einzigen Gesprächstermin durchführen, bei dem es um das Kind geht und an dem beide Elternteile teilnehmen können. Im Bedarfsfall können die Eltern im Raum getrennt sitzen. Versuchen Sie, Einzelgespräche zu vermeiden. Lassen Sie sich im Falle von Einzelgesprächen nicht zu Aussagen über den fehlenden Elternteil nötigen. Bei Problemen laden Sie beide Elternteile einmalig schriftlich ein, und klären Sie die Form des zukünftigen Informationsflusses. Machen Sie deutlich, dass Doppelgespräche bei der Anzahl der zu unterrichtenden Schüler nicht möglich sind, und halten Sie sich konsequent an Ihre eigene Aussage.

4 Beratung zum Übergang auf die weiterführende Schule

Der Übergang der Grundschulkinder auf die weiterführende Schule ist neben der Einschulung eines der wichtigsten und von Eltern am höchsten bewerteten Ereignisse in der (Grund-)Schulzeit. Ihre Verantwortung bei der Beratung der Eltern ist darum sehr hoch, eine intensive Auseinandersetzung mit dem Thema infolgedessen unerlässlich.

42 Schulinterne Absprachen

In der Regel ist in der Schule ein abgestimmtes Beratungskonzept vorhanden, das die entsprechenden Schritte festlegt und Grundzüge für das Beratungsverfahren vorgibt. Gemeinsam festgelegte Absprachen schützen Sie selbst und die Kinder vor sicher gut gemeintem, aber vielleicht doch willkürlichem und von Lehrperson zu Lehrperson unterschiedlichem Vorgehen. Gibt es ein solches Konzept an Ihrer Schule noch nicht, sollten Sie die Erstellung initiieren. Die nachfolgenden Ideen können Ihnen und Ihrem Kollegium in diesem Fall als Orientierung dienen.

43 Allgemeine Informationen – kindbezogene Beratung

Im Rahmen der Beratung zum Übergang auf die weiterführende Schule empfiehlt es sich, die allgemeinen Informationen zum Thema „Übergang auf die weiterführende Schule" von der kindbezogenen Beratung im Rahmen individueller Elterngespräche (zeitlich) zu trennen.
Die allgemeinen Informationen zu dem Thema „Übergang auf die weiterführende Schule" (z.B. aktuelle gesetzliche Regelungen, Informationen über die Bildungsgänge sowie das örtliche Schulangebot, Ablauf des Beratungsverfahren an der Schule, Formulare etc.) sollten die Eltern der Viertklässler gebündelt und mit genügend zeitlichem Vorlauf vor den individuellen

Beratungsgesprächen erhalten. Besonders empfehlenswert ist in diesem Zusammenhang eine Informationsveranstaltung (→ *Kap. 5 „Informationsveranstaltungen“*), da den Eltern im Allgemeinen sehr viele Informationen übermittelt werden müssen und (Rück-)Fragen der Eltern unmittelbar beantwortet werden können.
Auf der Grundlage dieser allgemeinen Informationen liegt der Fokus in dem später stattfindenden individuellen Beratungsgespräch ganz klar auf der weiteren schulischen Förderung des Kindes und der damit verbundenen schulischen Empfehlung für eine Schulform.

44 Terminierung

Spätestens mit dem Beginn des vierten Schuljahres ihres Kindes setzen sich die Eltern intensiv mit dem Übergang in die weiterführende Schule auseinander. Da sich auch in diesem Bereich in den vergangenen Jahren sehr viel verändert hat, sollten die Eltern kurz nach Beginn des Schuljahres allgemeine Informationen rund um das Thema „Übergang auf die weiterführende Schule“ erhalten.
Die individuellen Beratungsgespräche sollten mit etwas Abstand nach der allgemeinen Information über die Thematik stattfinden (→ *Idee 43 „Allgemeine Informationen – kindbezogene Beratung“*). Auf diese Weise können Sie bei den Eltern an bereits vorhandenes Wissen über die weiterführenden Schulen anknüpfen und dies ggf. auch zur Begründung für Ihre Empfehlung heranziehen. Terminieren Sie die Beratungsgespräche so, dass möglichst beide Elternteile kommen können, und beachten Sie darüber hinaus die bereits im Zusammenhang des Elternsprechtages formulierten Ideen zur Terminierung (→ *Idee 32 „Terminierung“*).

45 Einladung

Laden Sie die Eltern zum Beratungsgespräch wie zum Elternsprechtag (→ *vgl. Idee 35 „Einladung“*) frühzeitig schriftlich ein, und geben Sie ihnen eine entsprechende schriftliche Rückmeldung (→ CD *16 „Einladung Beratungsgespräch“*).

16

[Hier Briefkopf der Schule einfügen]

Beratungsgespräche der 4. Schuljahre

Ort, TT.MM.JJJJ

Sehr geehrte Eltern der Viertklässler,

für die Beratungsgespräche der 4. Schuljahre haben wir in diesem Schuljahr die Woche vom TT. Monat bis TT. Monat JJJJ vorgesehen, um einen individuellen Gesprächstermin zu vereinbaren. Sie können Ihre Terminwünsche für die unten genannten Zeiten abgeben und erhalten dann eine Rückmeldung. Melden Sie uns über den unteren Abschnitt bitte auch, wenn Sie keinen Beratungsbedarf haben.
Als Klassenlehrer/in Ihres Kindes biete ich an folgenden Nachmittagen Gesprächstermine an:

Wochentag, TT. Monat JJJJ, von hh.mm bis hh.mm Uhr
Wochentag, TT. Monat JJJJ, von hh.mm bis hh.mm Uhr

Mit freundlichen Grüßen

- Klassenlehrer/in -

✂---

(Bitte hier abtrennen, Zutreffendes ankreuzen und an die Schule **bis Wochentag, TT.MM.JJJJ,** zurückgeben.)

☐ Ich habe/Wir haben *keinen* Beratungsbedarf.

☐ Ich bitte/Wir bitten um einen Gesprächstermin

am Wochentag, TT. Monat JJJJ	**am Wochentag, TT. Monat JJJJ**
in der Zeit von	in der Zeit von
☐ 14.00 bis 15.00 Uhr	☐ 16.00 bis 17.00 Uhr
☐ 15.00 bis 16.00 Uhr	☐ 17.00 bis 18.00 Uhr
☐ 16.00 bis 17.00 Uhr	☐ 18.00 bis 19.00 Uhr

(Hinweis: Kreuzen Sie aus organisatorischen Gründen bitte zwei Zeiträume an.)

Name: ______________________________ Klasse: ________

Ort, ______________ ______________________________

Unterschrift des/der Erziehungsberechtigten

Rückantwort der Schule

☐ Ich habe für Sie einen Gesprächstermin am ____________ um ______ Uhr reserviert.

Ort, ______________ ______________________________

Unterschrift der Klassenlehrerin/ des Klassenlehrers

ISBN 978-3-8346-0935-9 • www.verlagruhr.de

46 Eigene Positionierung

Andere beraten kann nur, wer eine eigene Position erworben hat. Das heißt, Sie haben sich auf Grund des Arbeits- und Sozialverhaltens sowie der Leistungen in den Fächern und ggf. nach Rücksprache mit den Fachkollegen ein Bild über ein Kind gemacht. Auf dieser Grundlage müssen Sie eine Prognose abgeben, in welcher der möglichen Schulformen das Kind aus Ihrer Sicht erfolgreich mitarbeiten und den vorgesehenen Schulabschluss erreichen kann. Je nachdem, ob die Schulformempfehlung in Ihrem Bundesland verbindlich oder unverbindlich ist, kommt Ihrer Positionierung eine sehr hohe Bedeutung zu. In manchen Bundesländern ermöglicht oder verwehrt sie den Besuch bestimmter Schulformen. Dabei sollten Sie bedenken, dass letztlich die Eltern den eingeschlagenen Weg des Kindes begleiten müssen und wollen, nicht Sie selbst.

47 Positionspapier

Bereiten Sie das anstehende Beratungsgespräch möglichst gut vor, indem Sie die Beobachtungen im Bereich des Arbeits- und Sozialverhaltens sowie die Kompetenzen des Kindes in den Lernbereichen und Fächern schriftlich auf einem so genannten Positionspapier fixieren. Dies kann in Stichworten oder ausformuliert erfolgen. Das Positionspapier bildet Ihre Gesprächsgrundlage mit den Eltern und kann gleichzeitig als Protokoll genutzt werden (→ *Idee 51 „Beratungsprotokoll"*). Es empfiehlt sich, schulintern ein einheitliches Formular (→ CD 17 *„Protokollbogen Schullaufbahnberatung"*) zu verwenden. In diesem Formular sollte Platz für die o.g. Notizen sein. Zudem gibt es jeweils Ankreuzmöglichkeiten für die von der Schule ausgesprochene Schulformempfehlung und die von den Eltern gewünschte Schulform.

Schulkopf einfügen

Protokollbogen für die Schullaufbahnberatung

Schüler/in: Vorname Nachname **Klasse:** XX **Klassenlehrer/in:** XX

17

Sozialverhalten					
Spezifische Beurteilungskriterien	**Ausprägung**				
Kontaktfähigkeit	sehr aufgeschlossen	aufgeschlossen	zurückhaltend	sehr zurückhaltend	eingeschränkt
Selbstsicherheit	sehr sicher	sicher	zunehmend sicher	teilweise unsicher	unsicher
Verantwortungsbewusstsein	stark ausgeprägt	ausgeprägt	zunehmend	wenig	gering
Konfliktfähigkeit	stark ausgeprägt	ausgeprägt	zunehmend	wenig	gering
Kooperationsfähigkeit	stark ausgeprägt	ausgeprägt	zunehmend	wenig	gering
Kritikfähigkeit	sehr	meist	zunehmend	wenig	nicht

Seite 1 von 7

111 Ideen für eine gewinnbringende Elternarbeit

17

Arbeits- und Lernverhalten					
Spezifische Beurteilungskriterien	**Ausprägung**				
Konzentrationsfähigkeit	stark ausgeprägt	ausgeprägt	zunehmend	wenig	gering
Anstrengungs- /Leistungsbereitschaft	stark ausgeprägt	ausgeprägt	zunehmend	wenig	gering
Selbstständigkeit	sehr selbstständig / flexibel	selbstständig / flexibel	teilweise selbstständig/ flexibel	mit Hilfe/ kaum flexibel	mit viel Hilfe/ nicht flexibel
Selbsteinschätzung	sehr treffend	treffend	angemessen	vereinzelt angemessen	unpassend
Kooperationsfähigkeit	stark ausgeprägt	ausgeprägt	zunehmend	wenig	gering
Abstraktionsvermögen	stark ausgeprägt	ausgeprägt	angemessen	wenig	gering
Auffassungsgabe	sehr schnell	schnell	angemessen	langsam	sehr langsam
Umgang mit Fehlern	sehr konstruktiv	konstruktiv	angemessen konstruktiv	wenig konstruktiv	nicht konstruktiv
Lerntempo	sehr schnell	schnell	angemessen	langsam	sehr langsam
Arbeitstempo	sehr schnell	schnell	angemessen	langsam	sehr langsam

Seite 2 von 7

111 Ideen für eine gewinnbringende Elternarbeit

Deutsch					
Fachspezifische Beurteilungskriterien	**Ausprägung**				
mündliche und schriftliche Ausdrucks- und Darstellungsfähigkeit	stets richtig/ angemessen	meist richtig/ angemessen	in der Regel richtig/ angemessen	teilweise richtig/ angemessen	in Grundzügen richtig /angemessen
situations- und rollenangemessene Kommunikation	stets richtig/ angemessen	meist richtig/ angemessen	in der Regel richtig/ angemessen	teilweise richtig/ angemessen	in Grundzügen richtig /angemessen
Fähigkeit, Texte situations- und adressatengerecht zu verfassen (planen, schreiben, darüber beraten, überarbeiten, gestalten)	sehr selbstständig / kooperativ	selbstständig / kooperativ	teilweise selbstständig/ kooperativ	mit Hilfe/ wenig kooperativ	mit viel Hilfe/ nicht kooperativ
entwickeltes Rechtschreibgespür auf der Grundlage eigener Texte	sehr sicher	sicher	angemessen	unsicher	sehr unsicher
Fähigkeit zum Erschließen von unterschiedlichen Texten unter Anwendung von Lesestrategien	sehr sicher	sicher	angemessen	unsicher	sehr unsicher
Fähigkeit, mit Medien umzugehen (Auswahl, Recherche, kritische Bewertung, Wirkungsanalyse, Gestaltung)	sehr flexibel/ angemessen	flexibel/ angemessen	teilweise flexibel/ angemessen	kaum flexibel/ angemessen	nicht flexibel/ angemessen
Verständnis von sprachlichen Strukturen und Fachbegriffen	umfassend/ sehr sicher	sicher	angemessen	in Teilbereichen vorhanden	noch nicht sicher
Fähigkeit zu grundlegenden Operationen an Wort (Umformen, Zerlegen) und Satz (Umstellen, Ersetzen, Ergänzen, Weglassen)	sehr sicher	sicher	angemessen	unsicher	sehr unsicher
gezeigte Einstellungen und Haltungen (Zutrauen, Interesse, Umgang mit Fehlern, Zielgerichtetheit)	stets positiv	meist positiv	angemessen	wenig angemessen	negativ

Seite 6 von 7

ISBN 978-3-8346-0935-9 · www.verlagruhr.de

111 Ideen für eine gewinnbringende Elternarbeit

17

Beratungsgespräch:

☐ Das Angebot eines Beratungsgespräches wurde seitens der/des Erziehungsberechtigten am ____________________ wahrgenommen.

☐ Das Angebot eines Beratungsgespräches wurde seitens der/des Erziehungsberechtigten nicht wahrgenommen.

Schulformempfehlung: Gesamtschule ☒ Sekundarschule ☒ Hauptschule ☐ Realschule ☐ Gymnasium ☐
eingeschränkt geeignet für : Realschule ☐ Gymnasium ☐

Schulformwunsch der Erziehungsberechtigten: Gesamtschule ☐ Sekundarschule ☐ Hauptschule ☐ Realschule ☐ Gymnasium ☐
eingeschränkt geeignet für : Realschule ☐ Gymnasium ☐

Übereinstimmung mit der Schulformempfehlung: ☐ ja ☐ nein

Ort, ____________________

____
(Klassenlehrer/in)

Kenntnis genommen: ______________________________
(Erziehungsberechtigte/r)

Entscheidung der Versetzungskonferenz vom TT.MM.JJJJ:

Gesamtschule ☒ Sekundarschule ☒ Hauptschule ☐ Realschule ☐ Gymnasium ☐
eingeschränkt geeignet für : Realschule ☐ Gymnasium ☐

____
(Klassenlehrer/in)

____
(Schulleitung)

Seite 7 von 7

ISBN 978-3-8346-0935-9 · www.verlagruhr.de

111 Ideen für eine gewinnbringende Elternarbeit

48 Zeitintervall/Terminliste

Wie an Elternsprechtagen (→ *Kap. 3 „Elternsprechtag"*) sollten Sie die Beratungsgespräche in einem klar definierten zeitlichen Rahmen anbieten.
Hier einige Tipps dazu:

- Für ein Beratungsgespräch sollten Sie **maximal 20 Minuten einplanen** und diese Zeit u.a. im Interesse der anschließend „terminierten" Eltern auch einhalten. Vermeiden Sie ein längeres Gespräch. Meist dreht man sich dabei im Kreis.
- Sie sollten den Eltern zu Beginn des Gespräches die angesetzte Zeit und den **Endpunkt des Gespräches (Uhrzeit) mitteilen**. Als Hilfe können Sie einen Wecker etc. nutzen, der für alle gut sichtbar auf dem Tisch steht.
- Falls Sie sich viele Termine hintereinander legen wollen, ist es sinnvoll, in der Reihe der Termine einen Termin nicht zu vergeben. Diese Zeitspanne kann als „**Pufferzone**" für evtl. doch entstandene Verspätungen oder als kurze Entspannungsphase zwischen den Terminen dienen.
- Hängen Sie am Beratungstag eine **Liste** (→ CD *12 „Terminaushang"*) gut sichtbar an die Tür, aus der hervorgeht, wer in welchem Zeitraum an der Reihe ist. So sind Sie sicher, dass Sie nicht durch wartende Eltern gestört werden. Gleichzeitig können Sie Ihre Gesprächspartner darauf hinweisen, dass Sie diese Termine einhalten müssen und nicht überziehen können.

49 Beratungsgespräch

Aus unserer eigenen Erfahrung haben sich folgende Punkte als sinnvoll erwiesen:

- Bereiten Sie das Beratungsgespräch mit Hilfe des **Positionspapiers** (→ *Idee 47 „Positionspapier"*; → CD *17 „Protokollbogen Schullaufbahnberatung"*) gut vor.
- Halten Sie alle **Schülerdokumente** oder Dinge, die Sie im Laufe des Gespräches verwenden wollen, griffbereit.
- **Machen Sie das Ziel des Gespräches deutlich**. Es handelt sich um ein Beratungsgespräch, in dem Sie die Eltern beraten und nicht umgekehrt.
- Wichtig ist in diesem Zusammenhang auch, dass Sie **kein Streitgespräch** führen.

Es geht nicht darum, wer mit welcher Position Recht hat. Die Eltern nutzen das eigene Recht auf Ihre Beratung – nicht mehr. Nicht geforderte Ratschläge sind selten etwas wert. Es ist daher legitim, wenn die Eltern keine Beratung wünschen. Das sollten Sie auch kurz ansprechen.

- **Es ist geschickt, vor Ihrer Beratung zunächst die Position der Eltern zu erfragen.** Sie können dann darauf eingehen und bestätigen oder eine abweichende Position zum Ausdruck bringen. Danach sollten Sie das Gespräch beenden. Das ist besonders bei abweichenden Positionen zwischen Ihnen und den Eltern wichtig, ansonsten werden Sie schnell in „Verhandlungen" verwickelt, die das Ziel haben, Ihre Position zu verändern oder Ihre Person zu kritisieren.
- Das Gespräch sollte sich **ausschließlich** auf die weitere **schulische Förderung** des Kindes und die damit verbundene schulische Empfehlung konzentrieren. Nicht mit dem Thema in Verbindung stehende Gesprächsthemen sollten Sie mit den Eltern nicht bzw. bei einem weiteren Termin, z.B. im Rahmen Ihrer Sprechstunde, behandeln.
- Weisen Sie Eltern, die die o.g. Möglichkeit, **allgemeine Informationen** zum Thema „Übergang auf die weiterführende Schule" zu erhalten, vorab nicht genutzt haben, freundlich darauf hin, dass dies im Rahmen des individuellen Beratungsgesprächs **nicht nachholbar** ist (→ *Idee 43 „Allgemeine Informationen – kindbezogene Beratung"*).
- **Falls die Eltern auf ein Gespräch verzichten, vermerken Sie dies auf dem Protokoll** und geben den Eltern das Papier mit nach Hause. Machen Sie aber auch deutlich, dass Sie kein nachträgliches Gespräch über dieses Positionspapier führen werden. Die Eltern können jedoch eine schriftliche Stellungnahme abgeben.

50 Elternwünsche

Es ist hilfreich, die Schulformwünsche der Eltern schon vor der Beratung zu kennen. Idealerweise erfragen Sie bereits im dritten Schuljahr, an welchem Ziel (Schulform) Sie gemeinsam mit den Eltern arbeiten. Lassen Sie sich zu dieser Zeit jedoch noch keine Einschätzung entlocken. Nehmen Sie die Wünsche der Eltern als Auftrag wahr, an den Sie im Verlauf des Schuljahres auch gewisse Forderungen knüpfen können.

Seien Sie sich bewusst, dass alle Eltern für Ihre Kinder das Beste wollen, und das ist in der Regel der Besuch des Gymnasiums. Das ist legitim und nicht verwerflich. Letztlich sind die Eltern für ihre Kinder verantwortlich, und nicht Sie. Versetzen Sie sich in die Position der Eltern, und zeigen Sie Verständnis. Haben Sie Vertrauen in die Entwicklung der Kinder. Man kann auch mit der Note „ausreichend" das Abitur bestehen.

51 Beratungsprotokoll

In der Regel ist es Pflicht, die Beratung durch das Führen eines Protokolls zu dokumentieren. Es ist jedoch kaum möglich, während eines Gespräches auch noch alles genau zu notieren. Darum hilft das so genannte Positionspapier (→ *Idee 47 „Positionspapier"*). Sie müssen nur noch abweichende Elternwünsche einfügen. Es ist ratsam, den Eltern eine Kopie Ihrer Gesprächsvorbereitung mit nach Hause zu geben, die sie selbst ergänzen können (→ CD *17 „Protokollbogen Schullaufbahnberatung"*).

5 Informationsveranstaltungen

Je nach Bundesland gibt es die Verpflichtung, die Eltern über bestimmte Themen der Grundschulzeit zu informieren. So besteht z.B. in Nordrhein-Westfalen die Verpflichtung, rund um die Einschulung und zum Übergang auf die weiterführende Schule zu informieren. Darüber hinaus hat sich die Schule stetig verändert. Das ist Eltern nicht immer bewusst. Häufig haben sie noch das Bild von Schule, wie sie selbst sie erlebt haben. An vielen Stellen gilt es darum, mittels Informationsveranstaltungen auch inhaltlich aufzuklären (Lehrpläne, Inhalte, Methoden etc.) und Eltern auf den neuesten Stand von Erkenntnissen und Informationen zu bringen.

52 Einheitliche Kommunikation

Der Vorteil gemeinsamer Informationsveranstaltungen liegt in der einheitlichen Kommunikation. Die Informationsveranstaltungen finden oft für alle Eltern der jeweiligen Schulstufe statt und eröffnen die Möglichkeit, alle Eltern – die individuelle Wahrnehmung außer Acht gelassen – innerhalb kurzer Zeit auf den gleichen Wissensstand zu bringen sowie Fragen der Eltern zu einem Thema unmittelbar zu beantworten. Auf diese Weise lassen sich auch Informationen bündeln, die bei Klassenpflegschaften an alle Klassen gegeben werden sollen. Zu Beginn werden dafür alle Eltern in einer Aula oder einem Forum versammelt. Danach trifft man sich klassenbezogen in den entsprechenden Räumen.
Häufig werden diese Informationsveranstaltungen von der Schulleitung in Zusammenarbeit mit dem Kollegium durchgeführt.

53 Innerschulische Abstimmung und Vorbereitung

Neben den durch das Schulgesetz festgelegten Vorgaben gibt es meist eine innerschulische Abstimmung darüber, welche Themen in gemeinsamen Infoveranstaltungen behandelt werden. Es empfiehlt sich jedoch immer

eine interne Weiterentwicklung, auch unter Einbeziehung von Elternwünschen (→ *Idee 54 „Themen"*).
Idealerweise bringt man die schriftliche Vorbereitung in eine dauerhafte Form, die im Folgejahr unter Einbeziehung aktueller Veränderungen wieder verwendet werden kann. Bei vielen Themen bieten sich Powerpoint-Präsentationen an.
Wenn sich an der Vorbereitung mehrere Lehrkräfte mit einzelnen Bausteinen beteiligen, ist für niemanden die Arbeitsbelastung zu hoch.

54 Themen

Informationsveranstaltungen bieten sich z.B. zu folgenden Themen an:

- Einschulung
- Unterrichtsmaterialien der Schule
- Unterrichtsmethoden
- Theorien zum Schriftspracherwerb und die schulische Umsetzung
- Vergleichsarbeiten
- Englisch
- schuleigene Konzepte (z.B. Jahrgangsmischung)
- Übergang auf die weiterführende Schule

Manchmal lässt sich anhand häufig gestellter Fragen ablesen, in welchen Bereichen die Eltern Informationen benötigen. Durch eine Abfrage kann aber auch gezielt ermittelt werden, zu welchen Themen sich die Eltern Informationen wünschen. Insgesamt muss jedoch darauf geachtet werden, dass es nicht zu viele Themenabende werden.

55 Einladung

Eine separate Einladung zu einer Informationsveranstaltung sollte frühzeitig, mindestens zwei Wochen im Voraus, an die Eltern ergehen. Falls die Schule eine halbjährliche Terminübersicht herausgibt, sollten die Informationsveranstaltungen darauf bereits vermerkt sein. In diesem Fall bleibt es dann, zu entscheiden, ob zusätzlich eine weitere Einladung an die Eltern ergeht.

56 Anwesenheitsliste

Für alle Informationsveranstaltungen sollte eine Anwesenheitsliste geführt werden. Diese unterstreicht die offizielle Bedeutung der Veranstaltung und ermöglicht später, festzustellen, wer wirklich anwesend war. So kann es z.B. sehr hilfreich sein, zu wissen, ob Eltern die Informationen zum Übergang auf die weiterführende Schule wahrgenommen haben, bevor sie in das Beratungsgespräch (→ *Idee 49 „Beratungsgespräch"*) kommen. Wenn die Eltern mehrerer Klassen zusammengefasst werden, sollte daraus auch hervorgehen, wer zu welcher Klasse gehört. Ideal sind Klassenlisten mit den Namen der Kinder (→ *18 „Anwesenheitsliste Veranstaltungen"*), hinter die die Eltern nur noch ihre Unterschrift setzen.

57 Flyer

Aus unserer Sicht ist es sehr hilfreich, wenn man zu einzelnen Themen kurze schriftliche Zusammenfassungen in Form von Flyern erstellt, die man den Eltern nach einer Informationsveranstaltung zur Verfügung stellen kann. Diese Flyer machen den Lehrkräften und den Eltern die schulischen Absprachen und den aktuellen didaktischen Stand bewusst. Es können auch Flyer zu Themen erstellt werden, die nicht unbedingt eine Informationsveranstaltung füllen.

Mögliche Themen für solche Flyer sind z.B.:

- ABC für Eltern
- Hausaufgaben
- Schulordnung
- Englischunterricht
- Schriftspracherwerb
- Methoden in der Grundschule
- Anfangsunterricht

18

[Briefkopf der Schule hier einfügen]

Anwesenheitsliste

für (Veranstaltung eintragen) JJJJ/JJJJ

(Namen der Kinder vorher eintragen)

Nr.	Name des Kindes	Erziehungsberechtigte(r)	Erziehungsberechtigte(r)
1.			
2.			
3.			
4.			
5.			
6.			
7.			
8.			
9.			
10.			
11.			
12.			
13.			
14.			
15.			
16.			
17.			
18.			
19.			
20.			
21.			
22.			
23.			
24.			
25.			
26.			
27.			
28.			
29.			
30.			

ISBN 978-3-8346-0935-9 • www.verlagruhr.de

6 Mündliche Kommunikation

In der Schule gibt es viele Gelegenheiten zu unterschiedlichen Gesprächen mit Eltern. Im besten Fall sind sie geplant, terminiert und vorbereitet. Allerdings ergibt sich für Eltern häufig kurzfristig ein Gesprächsbedarf. In einer realistischen Alltagssituation wartet ein Elternteil morgens mit dem Kind auf den Lehrer, weil bestimmte Informationen weitergegeben werden sollen. Manchmal sind diese Informationen wichtig und hilfreich. Oft führen sie aber zu Verzögerungen und Missverständnissen oder belasten die Lehrkraft.

58 Gespräche zwischen Tür und Angel

Lehrkräfte werden oft im Vorbeigehen durch Eltern aufgehalten und mit Worten wie „Ich muss Sie kurz sprechen" o.Ä. zu einem Gespräch zwischen Tür und Angel „genötigt".
Überlegen Sie genau, ob Sie dies grundsätzlich zulassen und sich vor dem Unterricht bestimmte Inhalte mitteilen lassen wollen oder nicht.
Sowohl das Zulassen als auch das Abwehren solcher Gespräche stellt im Alltag eine Gratwanderung dar. Manchmal kann die schnelle Information zur verstorbenen Oma oder anderen Belastungen des Kindes hilfreich sein und den gesamten Unterrichtstag entlasten. Häufig belasten solche Gespräche jedoch und halten Sie im schlimmsten Fall von Ihren Pflichten ab.
Sie sind gut beraten, Gespräche zwischen Tür und Angel ganz abzulehnen. Argumentieren Sie in diesem Fall mit der Aussage, dass Ihnen die Inhalte der Gespräche viel zu wichtig sind, als dass sie diese der Gefahr aussetzen wollen, im Alltag unterzugehen.
Wie auch immer Sie verfahren, Sie sollten Ihre Entscheidung dann auch bei allen Eltern konsequent durchhalten. Wollen Sie Ihre Entscheidung ändern, sollten Sie dies bei einem Elternabend ansprechen.
Räumen Sie Eltern andere Mitteilungswege ein, wenn Sie Gespräche zwischen Tür und Angel grundsätzlich ablehnen. Wichtige Informationen können Eltern auch am Vorabend per Telefon oder schriftlich per Brief über das Merkheft der Kinder äußern.
Eine wöchentliche Sprechstunde für Eltern kann auch viele Gespräche zwischen Tür und Angel vermeiden.

59 Sprechzeiten/-stunde

Teilen Sie den Eltern mit, wann Sie zu sprechen sind. Die Einrichtung einer festen, wöchentlichen Elternsprechstunde kann die Kommunikationssituation enorm erleichtern. Dazu einige Tipps:

- Wählen Sie einen Termin, den Sie ohne Stress wahrnehmen können, am besten mit zeitlichem Abstand zum Unterricht und **nach einer angemessenen Pause**. So geben Sie den Eltern die Möglichkeit, Sie zu kontaktieren. Sie können aber auch Eltern zu diesen Gesprächen in die Schule bestellen.
- Wählen Sie einen Zeitraum aus, und **seien Sie zur angegebenen Zeit vor Ort in der Schule**. So ermöglichen Sie den Eltern, ohne weitere vorherige Anmeldung vorbeizukommen. Dabei kann es passieren, dass Sie ohne Gesprächspartner bleiben. Dies lässt sich jedoch leicht mit Vorbereitungen oder Korrekturen überbrücken. Es kann auch passieren, dass mehrere Eltern kommen. Dafür sollten sie eine Liste bereithalten, in die sich die Eltern eintragen, um eine Reihenfolge festzulegen. Sie müssen an solchen Tagen dann aber auch bereit sein, allen Eltern eine Gesprächszeit einzuräumen, auch wenn die angesetzte Stunde damit überschritten wird. Nachteilig kann sich auswirken, dass Sie sich auf diese Gespräche nicht vorbereiten können, was zu Konflikten führen kann.
- **Geben Sie ausfallende Sprechzeiten aktuell an alle Kinder weiter**, z.B. über das Mitteilungsheft (→ *Idee 66 „Mitteilungsheft"*).
- Wählen Sie als Alternative einen Zeitraum aus, und **bitten Sie die Eltern, sich ganz konkret für die Sprechstunde eines bestimmten Tages anzumelden**. So erhalten Sie Gelegenheit, sich auf jedes Gespräch vorzubereiten, und können ggf. auch Unterlagen zurechtlegen. Zudem können Sie die Gesprächsmenge und die Gesprächsdauer genauer bestimmen und individuell nutzen.
  Sie haben allerdings auch einen höheren Verwaltungsaufwand.

60 Gespräche über Kollegen

Lassen Sie sich niemals hinreißen, vor Eltern zu Verhalten oder Aussagen Ihrer Kollegen Stellung zu nehmen. Zuweilen machen Eltern abfällige Bemerkungen über andere Lehrkräfte, um Ihnen zu schmeicheln. Ein hilfreicher Satz kann sein: „Ich spreche gerne mit Ihnen mit der Kollegin, aber nicht über sie." Wenn Sie diesen Satz ein- oder 2-mal verwendet haben, weiß jeder Bescheid.

61 Telefonate

Viele Dinge lassen sich auch in einem Telefongespräch klären. Dazu sollte es aber für Eltern feste Regeln geben, die umgekehrt natürlich auch für Sie gelten:

- Wenn Sie Telefonkontakt wünschen, müssen Sie Ihre Telefonnummer herausgeben. Dabei empfiehlt sich die Einrichtung einer separaten **„Elternnummer"**, die außerhalb Ihres privaten Anschlusses liegt und eventuell über einen Anrufbeantworter verfügt, der eingehende Gespräche aufzeichnet.
- Nennen Sie den Eltern konkrete Zeitfenster, in denen ein eingehender Anruf Sie nicht stört.
- **Beantworten Sie verpasste Anrufe**, die auf Band aufgezeichnet wurden, **möglichst zeitnah**.
- Fragen Sie umgekehrt, wann Sie bei den Eltern anrufen dürfen, am besten per **Eintrag in eine Namensliste** (→ CD 6 *„Namensliste"*).
- Halten Sie sich und den Eltern das **Wochenende** nur für wirkliche Notfälle, wie Verletzungen oder schlimme Erkrankungen, Todesfälle etc., frei.
- Geben Sie deutlich an, für welche **Inhalte** Sie nicht angerufen werden wollen, z.B. vergessene Hausaufgaben etc. Passiert es doch, dass Eltern Sie wegen „Nichtigkeiten" telefonisch kontaktieren, äußern Sie dies auch, damit sich eine Wiederholung ausschließt.
- **Dokumentieren** Sie wichtige Telefonate kurz mit Datum, Gesprächspartner, Gesprächsdauer und Anlass in Ihrer Schülerakte. Bei schwierigen Situationen kann ein Nachweis über geführte Gespräche sehr hilfreich sein.

62 Konfliktgespräche

Die sicher schwierigste Gesprächsform ist das Konfliktgespräch. Es empfiehlt sich, zu diesem Thema Fortbildungen zu besuchen und ein Training zu absolvieren. Gute Ratschläge allein werden nicht genügen.
Dennoch haben wir hier einige grundlegende Tipps für Sie, wie Sie eine konfliktreiche Situation entschärfen können:

- Eine **Gesprächsplanung** ist immer wichtig, bei einem vorhersehbaren Konfliktgespräch jedoch unerlässlich. Je intensiver Sie diese Vorbereitung durchführen, desto mehr Übung erhalten Sie auch für plötzlich auftretende Konfliktgespräche. Bedenken Sie bitte, dass viele Konflikte aus dem berechtigten Wunsch der Eltern entstehen, ihr Kind zu schützen und das

Beste für dieses Kind zu erreichen. Prüfen Sie sich, ob Ihre eigene Position so unumstößlich und so gerechtfertigt ist, dass sich ein „Kampf" lohnt. Wenn Sie zu dem Schluss kommen, dass es nur noch ums Prinzip geht, können Sie einlenken und den Konflikt ganz schnell entschärfen, es sei denn, Sie streiten leidenschaftlich und sind hinterher nicht emotional belastet.

- **Legen Sie fest, welche Personen an diesem Gespräch teilnehmen sollen.** Sollen beide Elternteile kommen oder nur einer? Möchten Sie sich durch Kollegen, die auch in der Klasse unterrichten, unterstützen lassen? Ist es notwendig, die Schulleitung um Anwesenheit zu bitten? Bei schwierigen Situationen mit einem Kind kann ein Elterngespräch mit allen Kollegen, die dieses Kind unterrichten, sehr hilfreich sein. Es stärkt Ihnen ungemein den Rücken und macht auch aufbrausende Eltern angesichts der „Übermacht" zahm.
- Treffen Sie sich ausschließlich **auf neutralem Boden**, in der Schule. Gestalten Sie die Situation am Tisch oder in der Gesprächsrunde räumlich so, dass niemand dem anderen zu nahe rückt.
- Wenn Sie sich alleine mit Eltern unterhalten und aufgeregt oder ängstlich sind, kann eine **Tischgruppe** zwischen Ihnen und den Eltern für den notwendigen Abstand sorgen. Setzen Sie sich keinesfalls auf einen niedrigeren Stuhl als die Eltern. Umgekehrt kann das eine strategische Maßnahme sein, die aber unfair ist.
- Wählen Sie eine **Gesprächszeit** aus, die Sie entspannt einhalten können. Achten Sie aber auf Vorschläge der Eltern, damit dies keinen neuen Anlass für Ärger gibt.
- **Legen Sie nicht nur den Gesprächsbeginn, sondern auch das Ende fest.** Dies sollte schon bei der Einladung der Eltern klar sein.
- **Bemessen Sie die Zeit sinnvoll.** Beachten Sie dabei wirklich beide Seiten.
- Seien Sie sich aber auch im Klaren, dass es nicht für jedes Problem eine Lösung gibt. **Prüfen Sie genau, wer das Problem hat**. Ein Problem, das Sie nicht haben, müssen Sie auch nicht grundsätzlich lösen. Lehrer neigen dazu, sich Probleme anderer Leute zu eigen zu machen.

Ein Beispiel: Ein häufig auftretender Konflikt in der Schule kann die mangelnde Mitarbeit von Kindern in Nebenfächern und die daraus resultierende Notengebung sein. Ein letztes Argument von Eltern ist dann oft die angebliche Angst des Kindes vor der Lehrkraft. Das Problem des Kindes soll dadurch zum Problem der Lehrkraft werden. Ganz schnell sind Sie dann in der Recht-

fertigungs- oder Verteidigungshaltung und haben schon verloren. Wenn Sie sich sicher sind, dass Sie nichts tun, was diesem Kind Angst macht, dann geben Sie das Problem zurück. Sagen Sie: „Daran müssen wir (Sie) mit Ihrem Kind arbeiten. Es wird noch viele Lehrkräfte kennenlernen. Wenn es dann aus Angst seine Kompetenzen nicht aktivieren kann, wird es immer das Nachsehen haben." Dann überlegen Sie mit den Eltern konkret, was sie dagegen tun können (Ärzte aufsuchen, einen mündlichen Beitrag vorbereiten, Hospitationen von Eltern etc.).
Beachten Sie die unter Kap. 1 „Allgemeine Ideen" aufgeführten Aspekte, die auch für den Umgang mit Kritik gelten. Verhalten Sie sich so, wie Sie es von Ihren Schülern beim Umgang mit Kritik erwarten.

63 Gesprächsführung/Regeln

Wenn Sie Gespräche führen, sollten Sie unbedingt auf einige Regeln achten:

- **Formulieren Sie zu Beginn des Gespräches den Gesprächsanlass neutral und ohne Schuldzuweisung**, und lassen Sie sich diesen von den Eltern bestätigen. Ein gutes Beispiel: „Wir sprechen heute erneut über die Schulformempfehlung Ihres Sohnes Max." Ein schlechtes Beispiel: „Wir sprechen heute erneut, weil Sie mit der Schulformempfehlung Ihres Sohns Max nicht einverstanden sind." Stimmen die Eltern dem formulierten Gesprächsanlass zu, formulieren Sie das beabsichtigte Ziel des Gespräches, das auch wieder von allen Beteiligten bestätigt werden muss. Beispiel: „Ziel unseres Gespräches ist es, mit mehr Zeit als beim letzten Mal unsere Positionen zur Schulformempfehlung auszutauschen." Falls Sie kein einheitliches Gesprächsziel formulieren können, benötigen Sie auch kein Gespräch. Sollte Ihnen dies passieren, äußern Sie dies, und brechen Sie das Gespräch ab. Ein Gespräch ohne Ziel ist im besten Fall eine Unterhaltung, im schlimmsten Fall eine gegenseitige Beschimpfung.
- **Überlegen Sie sich im Vorfeld Ihre eigene Position**. Um bei diesem Beispiel zu bleiben: Überlegen Sie, ob Sie die Schulformempfehlung ändern werden oder nicht. Überlegen Sie sich, welche Beiträge Sie selbst unbedingt zur Sprache bringen wollen. Bereiten Sie Ihre Begründungen vor.
- **Verweisen Sie zu Beginn noch einmal auf den geplanten Zeitrahmen**. Im Verlauf des Gesprächs können Sie Abweichungen vom Thema mit Hinweis auf diesen Zeitrahmen unterbinden.

- **Hören Sie genau zu, ohne den Gesprächspartner zu unterbrechen**. Machen Sie sich ggf. Notizen.
- **Nehmen Sie Stellung**, indem Sie die geäußerte Kritik annehmen oder zurückweisen.
- Nehmen Sie **keine Verteidigungshaltung oder Rechtfertigungsposition** ein, sondern spielen Sie den Ball zurück. Hinterfragen Sie Vorwürfe, und lassen Sie die Kritiker genau formulieren. Das erreichen Sie mit Fragen, wie „Woran machen Sie das fest?“, „Was meinen Sie damit konkret?“, „Was möchten Sie, dass ich tue?“ oder „Was möchten Sie genau?“. Behauptungen können auch einmal im Raum stehen bleiben. Hinterfragen, Sie sie, wie bereits oben erwähnt. Und auch dann müssen Sie Behauptungen nicht widerlegen. Treffen Behauptungen zu, können Sie die Eltern über Vorschläge einbinden (z.B. „Was schlagen Sie alternativ/stattdessen vor?“) und das Gespräch entschärfen, ohne rechtfertigend Stellung zu nehmen. Nehmen Sie Vorschläge von Eltern zur Lösung von Situationen an, und bieten Sie an, dies auszuprobieren.
- **Bleiben Sie unbedingt ruhig und sachlich**, auch wenn die Gegenseite sich erhitzt. Sollten Eltern laut werden, fordern Sie ruhig eine sachliche Gesprächsführung ein. Sie können sagen: „Ich verstehe Ihre emotionale Betroffenheit, bitte Sie aber dennoch um ein ruhiges, sachliches Auftreten.“ Falls dies nicht hilft, stellen Sie den Abbruch des Gesprächs in Aussicht: „Ich bitte Sie (letztmalig) darum, sich zu beruhigen, ansonsten breche ich das Gespräch ab“, „Ich bin gerne bereit, mit Ihnen zu sprechen, bestehe aber auf einen anderen (einen ruhigeren, einen gemäßigten ...) Ton, ansonsten breche ich das Gespräch ab“, „Ich merke, dass Sie sich aufregen. Vielleicht sollten wir das Gespräch unterbrechen, bis Sie sich beruhigt haben“.
- **Sollte es zu einem Gesprächsabbruch kommen, müssen Sie sich klar und deutlich verhalten**. Stehen Sie auf, sagen Sie, dass Sie das Gespräch beenden, und bitten Sie die Eltern, zu gehen. Äußern Sie auch, dass Sie einen neuen Termin einräumen, wenn die Eltern bereit sind, sachlich zu bleiben. Falls die Eltern den Raum nicht verlassen, packen Sie Ihre Sachen und verlassen den Raum. Falls Sie den Gesprächsraum später abschließen müssen, suchen Sie einen anderen Raum in der Schule auf, um sich selbst zu beruhigen, und warten Sie dort, bis die Gegenseite das Haus verlassen hat. Häufig reicht die Androhung des Abbruchs schon aus, um die Gemüter zu beruhigen.
- Achten Sie darauf, dass alle Beteiligten **aussprechen** können und niemand dem anderen ins Wort fällt. Weisen Sie Wortführer darauf hin, dass auch andere zu Wort kommen sollen.

- **Reagieren Sie nicht auf alle Beiträge**, die Eltern von sich geben. Suchen Sie sich die Fragen und Aspekte aus, auf die Sie antworten möchten, und lassen Sie alle anderen unbeachtet. Es sei denn, Ihr Gegenüber verlangt eine Antwort auf eine konkrete Frage.
- **Vermeiden Sie ein wiederholtes Kreisen um dieselbe Sache**. Sagen Sie z.B. „Das haben wir jetzt ausreichend erörtert und kommen zu keiner einheitlichen Lösung". Schweigen Sie dann aber auch. Beginnen die Eltern dann erneut mit dem Thema, lassen Sie sich inhaltlich nicht darauf ein, sondern wiederholen Sie Ihr Statement, notfalls auch mehrmals.
- **Treffen Sie konkrete Absprachen**, die Sie auch notieren und von allen Gesprächsteilnehmern unterschreiben lassen (→ *Idee 40 „Gesprächsprotokoll"*). Es ist in der Regel selten möglich, ein Gespräch zu führen und gleichzeitig zu protokollieren. Idealerweise bitten Sie eine weitere Person um dieses **Protokoll**. Lässt sich dies nicht einrichten, entwerfen Sie im Vorfeld ein „Positionspapier", in dem Sie die zu besprechenden Punkte aus Ihrer Sicht notieren. Später können Sie zusätzlich Punkte der Eltern dazuschreiben und Absprachen festhalten (→ CD *15 „Gesprächsprotokoll"*). Zum Ende des Gesprächs sollten Sie das Protokoll vorlesen und von allen Gesprächsteilnehmern unterschreiben lassen. Jeder Teilnehmer erhält eine Kopie. Es kann auch im Nachhinein ein zusammenfassendes Erinnerungsprotokoll erstellt werden, das auch wieder alle Gesprächsteilnehmer erhalten sollten.

7 Schriftliche Kommunikation

In der Schule gibt es viele Gelegenheiten und Notwendigkeiten, zwischen den Elternhäusern und der Schule schriftlich zu kommunizieren.

64 Elternbrief

Die häufigste Form der schriftlichen Kommunikation zwischen Schule und Elternhaus stellt in der Regel der Elternbrief dar.

- Es gibt **verschiedene Arten** von Elternbriefen. Sie unterscheiden sich in vielerlei Hinsicht, insbesondere im Anlass/Inhalt und infolgedessen im Adressatenkreis, aber auch in den Herausgabefristen, der Form der Archivierung oder dem Übermittlungsweg an die Eltern.
- Wichtige Anlässe für Elternbriefe sind **Einladungen** und die Weitergabe von **Informationen**. Bei Einladungen zur Teilnahme an den Mitwirkungsgremien, z.B. Klassenpflegschaftssitzungen und Schulpflegschaftssitzungen, sind die gesetzlichen Ladefristen von einer Woche und bei Schulkonferenzen von zwei Wochen einzuhalten. Briefe, die vor einer Nichtversetzung warnen, müssen mindestens zehn Wochen vor Schuljahresende bei den Eltern eintreffen. Sie sollten aber auch Einladungen zu Elternsprechtagen, Bastelnachmittagen oder sonstige Informationsschreiben so früh wie möglich an die Eltern weiterleiten.
- Elternbriefe können an **verschiedene Adressaten** gerichtet sein: Demnach werden sie an alle Schüler der Schule, einzelne Klassen, bestimmte Schülergruppen (z.B. Kinder, die die OGS besuchen etc.) oder einzelne Schüler verteilt. Die Übermittlung eines Elternbriefes an das jeweilige Elternhaus ist abhängig vom Anlass/Inhalt des Elternbriefes.
- Die überwiegende Mehrheit der Elternbriefe kann **über die Kinder nach Hause transportiert** werden. Hierfür ist die Anschaffung eines nur für diesen Zweck verwendeten Schnellhefters sinnvoll. In Anlehnung an die Post kann dieser Schnellhefter z.B. gelb sein und als so genannte „Postmappe", „Elternbriefkasten" o.Ä. bezeichnet werden. Hilfreich ist es, wenn in diesem Schnellhefter eine Prospekthülle eingeheftet ist.
  Diese ermöglicht den problemlosen Transport von nicht lochbaren bzw. einkuvertierten Elternbriefen.

- Sie sollten mit den Eltern **Absprachen in Bezug auf die Handhabung** der Elternbriefe in dem oben vorgeschlagenen Schnellhefter treffen.
  Es ist tägliche „Hausaufgabe" der Eltern, in diesen Schnellhefter hineinzuschauen und die zur Kenntnis genommenen Briefe aus dem Schnellhefter herauszunehmen. Ein leerer Schnellhefter ist somit ein Zeichen, dass die Briefe ihren Adressaten erreicht haben. Elternbriefe, bei denen eine Dokumentation der elterlichen Kenntnisnahme sinnvoll oder gar erforderlich ist, z.B. Hinweisbrief zu meldepflichtigen Krankheiten oder Einladungen zum Elternsprechtag, sollten einen abzutrennenden Rückmeldeabschnitt beinhalten. Die Eltern dokumentieren ihre Kenntnisnahme auf dem Abschnitt mit Name, Datum und Unterschrift und geben ihn ihrem Kind über den Schnellhefter wieder mit in die Schule. Dort können Sie die Abschnitte einsammeln und gebündelt bzw. in der jeweiligen Schülerakte archivieren. Als optische Hilfe können die Kinder ein Zeichen für den gelben Schnellhefter in ihr Hausaufgabenheft schreiben. Sie können so die Eltern an deren „Hausaufgaben" erinnern. Das tun die Kinder erfahrungsgemäß gerne und zuverlässig.
- Nicht immer sind die Inhalte der Elternschreiben für Dritte oder die Kinder bestimmt. In diesen Fällen sollten Sie die Briefe in einem **verschlossenen Umschlag** weitergeben.
- Bei einigen Briefen, wie z.B. der Warnung vor Nichtversetzung, sollte der **Postweg** gewählt werden. Wägen Sie die Brisanz der entsprechenden Inhalte entsprechend ab.
- Von jedem Elternbrief sollte zur **Dokumentation** ein Exemplar in der Schule aufbewahrt werden. Das Original eines allgemeinen Elternbriefes wird in der Regel im Sekretariat aufbewahrt. Darüber hinaus empfiehlt es sich jedoch, dass Sie eine Kopie erhalten. Auf dieser Kopie sollten Sie das Datum notieren (handschriftlich oder mit einem Datumsstempel), an dem Sie den Elternbrief verteilen, und die Kopie anschließend chronologisch geordnet (z.B. im Klassenbuch) abheften. Dieses Vorgehen hilft Ihnen, auch im Nachhinein noch nachvollziehen zu können, wann Sie welchen Elternbrief herausgegeben haben. Damit können Sie z.B. die Einhaltung von Einladungsfristen etc. nachweisen. Ein besonderer Service ist die Sammlung von Elternbriefen in einem Klassenordner, den die Eltern einsehen können (→ *Idee 18 „Info-Klassenordner"*). Spezielle Elternbriefe, z.B. Genehmigungen von Elternanträgen, werden in Form einer Kopie in der jeweiligen Schülerakte aufbewahrt.

65 E-Mail

Im digitalen Zeitalter ist die Kommunikation per E-Mail zum Standard geworden. Viele Eltern wünschen diesen Informationsweg auch für die Kommunikation zwischen Schule und Elternhaus, da er besonders bequem und schnell ist.
Die Entscheidung für die E-Mail-Kommunikation mit Eltern sollten Sie im Vorfeld jedoch gut durchdenken und planen.

- Diese Art der Kommunikation verlangt die Herausgabe der E-Mail-Adresse. Vielfach haben Lehrkräfte lediglich eine private E-Mail-Adresse, die sie mit der Herausgabe an Eltern öffentlich machen. Um Berufliches von Privatem klar zu trennen, empfiehlt sich die Einrichtung einer weiteren, ausschließlich für den beruflichen E-Mail-Verkehr genutzten Adresse oder einer über die Schule eingerichteten **dienstlichen E-Mail-Adresse**. Rundmails können mit Zustimmung der Schulleitung eventuell auch über die Schulmailadresse an die Eltern versendet werden.
- Unverschlüsselt gesendete E-Mails genügen nicht den **Datenschutzbestimmungen**. Personenbezogene Daten und Informationen über Kinder etc. dürfen auf diese Weise nicht übermittelt werden. Bei E-Mails ist zudem keine eindeutige Identifikation möglich, sodass keine Rechtssicherheit besteht. Das bedeutet unter anderem, dass E-Mails keine persönlichen Gespräche ersetzen können und offizielle Schreiben (z.B. Warnung vor der Nichtversetzung) oder gar Dokumente nicht per E-Mail geschickt werden dürfen.
- Wer effektiv über E-Mails kommunizieren möchte, muss seine E-Mails **täglich abrufen** und sehr zeitnah beantworten. Dies gilt sowohl für die Eltern als auch für Sie.
- Jede E-Mail sollte mit einer **Lesebestätigung** verknüpft sein, um sichergehen zu können, dass die Nachricht zur Kenntnis genommen wurde.
- Es gibt Eltern, die per E-Mail nicht erreichbar sind. Bei Rundmails o.Ä. müssen diese Eltern **zusätzlich auf anderem Wege** schriftlich informiert werden.
- Das Angebot der E-Mail-Kommunikation birgt die Gefahr, dass einzelne Eltern eine gewisse **Distanzlosigkeit** entwickeln, da die Lehrkraft ohne große Hindernisse „rund um die Uhr" erreichbar zu sein scheint.
- Bei E-Mails gibt es **keine Zeichenbegrenzung** o.Ä., sodass E-Mails von Eltern äußerst umfangreich sein können. Die Beantwortung solcher E-Mails wird dann in der Regel sehr zeitaufwändig.

- Falls alle Eltern über eine E-Mail-Adresse verfügen und einverstanden sind, kann für die Klasse beschlossen werden, **alle Mailadressen aufzulisten** und diese für wichtige Rundmails, die alle Eltern betreffen, zu nutzen.
- Es **sollte auch festgelegt werden, wer diese Mails versendet**. Denkbar ist der Klassenlehrer oder der Klassenpflegschaftsvorsitzende.
- Es empfiehlt sich, die **Kommunikation nur in eine Richtung**, z.B. von der Schule an die Eltern, abzusprechen, sonst sind Sie verpflichtet, die Rückantworten etc. entsprechend zu kommentieren und zu verwalten.
- Es muss jedoch auch sichergestellt sein, dass alle Eltern in bestimmten Abständen diese Mails abrufen. Ein entsprechendes **Abrufintervall** ist festzulegen.
- Ihre E-Mails können durch Eltern an andere Personen weitergeleitet werden. Dieser Vorgang ist von Ihnen selbst nicht kontrollierbar. Daher können **wirklich wichtige Dinge nie Inhalt einer Mail** sein. Darüber hinaus kann jede **schriftliche Aussage**, die Sie in einer E-Mail treffen, gegen Sie verwendet werden.

66 Mitteilungsheft

Kurze, individuelle Informationen, die die Eltern Ihnen mitteilen bzw. Sie den Eltern, werden in das Mitteilungsheft des Kindes geschrieben.

Treffen Sie in Bezug auf das Mitteilungsheft klare Absprachen mit den Eltern:

- In das Heft werden **alle Mitteilungen** geschrieben, die **keines speziellen bzw. umgehenden Gespräches bedürfen**, z.B. Terminvorschläge/-vereinbarungen für Elterngespräche außerhalb von Sprechzeiten oder Sprechtagen (→ *Kap. 6 „Mündliche Kommunikation"*), schriftliche Entschuldigungen für Fehlzeiten, kurze Erklärungen für nicht gemachte bzw. unvollstandige Hausaufgaben, Information über vergessene bzw. unvollständig gemachte Hausaufgaben, Information über vergessenes Material oder Information über Fehlverhalten des Kindes.
- In das Mitteilungsheft schreibt das Kind auch seine **Hausaufgaben**, sodass Mitteilungen der Eltern an Sie spätestens beim Notieren der Hausaufgaben vom Kind vorgezeigt werden.
- **Die Eltern schauen täglich in das Mitteilungsheft**, um keine Information zu verpassen. Nebenbei erhalten sie auch einen Überblick über die Hausaufgaben.
- **Gelesene Mitteilungen kennzeichnen** sowohl Sie als auch die Eltern jeweils mit dem Namen oder Namenskürzel. Der Mitteilende erhält auf diese Weise die Rückmeldung, ob seine Nachricht beim Adressaten angekommen ist.
- Behalten Sie sich vor, Eintragungen im Mitteilungsheft zu **kopieren**, um im Falle des Abhandenkommens des Mitteilungsheftes eine angemessene Dokumentation nachweisen zu können.
- Mitteilungen im Mitteilungsheft werden sehr **kurz und bündig** formuliert, z.B. teilweise ohne Anrede oder Grußformel.
- Das Mitteilungsheft hat einen **festgelegten Platz in der Schultasche** des Kindes, um schnell auffindbar zu sein.
- Das Heft **bleibt immer im Ranzen** und wird nicht wie anderes Schulmaterial zur Gewichtsreduzierung des Ranzens in das Ablagefach des Kindes geräumt.
- Als Mitteilungsheft empfiehlt sich ein **liniertes Schulheft** im DIN-A6-Format. Diese Heftgröße passt sehr gut in das Mäppchen oder eine kleine Innentasche des Ranzens. Darüber hinaus suggeriert diese Größe, dass wenig Platz für Mitteilungen vorhanden ist, sodass diese kurz und bündig formuliert werden.

- Idealerweise lassen Sie die Eltern alle Seiten mit **Seitenzahlen** beschriften. So lässt sich die Reihenfolge der Einträge gut nachvollziehen. Außerdem lässt sich später schnell überprüfen, ob etwas aus diesem Heft herausgerissen wurde.
- Zur leichteren **Orientierung** der Kinder sollten alte Einträge, wie Hausaufgaben, immer zuerst durchgestrichen werden, bevor etwas Neues notiert wird. Vollgeschriebene Seiten können durch das Abschneiden einer Ecke von leeren Seiten unterschieden werden.
- Kinder, die dazu neigen, das Heft zu verlieren, können es lochen und mit einer Schnur im Mäppchen oder am Reißverschluss **anbinden**.
- Ein wenig Mühe, die sich bezahlt macht, ist die Vorbereitung von **Klebeetiketten** (→ *19 „Etiketten"*) mit dem PC. Sie können die wichtigsten und häufigsten Informationen bereithalten und den Aufkleber schnell ergänzen und ins Heft kleben.
- Sie sollten alle Mitteilungen immer mit einem **Datum** versehen.
- Manchmal ist das Mitteilungsheft ein **wichtiges Dokument**, um die mangelnde Zusammenarbeit des Elternhauses mit der Schule oder ein wiederholtes Fehlverhalten eines Kindes nachzuweisen. Das trifft in der Regel nur auf wenige Kinder zu, die Sie ganz schnell identifiziert haben. Zur eigenen Sicherheit sollten Sie in diesen Fällen von Zeit zu Zeit eine Kopie des Mitteilungsheftes für sich selbst anfertigen.
- In besonders schwierigen Fällen von Fehlverhalten sollte im **Klassenbuch** vermerkt werden, dass Kind X am Tag X einen Eintrag ins Mitteilungsheft erhalten hat. Idealerweise liegt Ihnen dieser Eintrag als Kopie vor. Dies ist besonders wichtig für Fachunterricht. Vielen Diskussionen um Bewertungen kann mit einer entsprechenden Dokumentation sicher begegnet werden. Diese Vorgehensweise erscheint Ihnen vielleicht umständlich oder Zeit raubend, hat sich aber in den wenigen wirklich brisanten Fällen bewährt, in denen Sie später als Klassenlehrer nachweisen müssen, dass ihre Behauptungen auch stimmen. Sie sollten die Eltern über diese Vorgehensweise im Vorfeld informieren.

Bitte besorgen Sie ein
DIN-A4-Heft Nr. X.

Bitte besorgen Sie ein
DIN-A4-Heft Nr. X.

Bitte besorgen Sie ein
DIN-A4-Heft Nr. X.

19

© der Originalausgabe: Verlag an der Ruhr
Autoren: Anke Hennig, Sabine Willmeroth
ISBN 978-3-8346-0935-9 - www.verlagruhr.de

111 Ideen für eine gewinnbringende Elternarbeit

Es gab einen Vorfall in
der Schule.
Bitte rufen Sie mich am
____________ gegen
______ Uhr an.

Es gab einen Vorfall in
der Schule.
Bitte rufen Sie mich am
____________ gegen
______ Uhr an.

Es gab einen Vorfall in
der Schule.
Bitte rufen Sie mich am
____________ gegen
______ Uhr an.

19

© der Originalausgabe: Verlag an der Ruhr
Autoren: Anke Hennig, Sabine Willmeroth
ISBN 978-3-8346-0935-9 - www.verlagruhr.de

111 Ideen für eine gewinnbringende Elternarbeit

Am ____________________
fehlte die Hausaufgabe:

____
Bitte nachholen!

Am ____________________
fehlte die Hausaufgabe:

____
Bitte nachholen!

Am ____________________
fehlte die Hausaufgabe:

____
Bitte nachholen!

19

© der Originalausgabe: Verlag an der Ruhr
Autoren: Anke Hennig, Sabine Willmeroth
ISBN 978-3-8346-0935-9 - www.verlagruhr.de

111 Ideen für eine gewinnbringende Elternarbeit

Ihrem Kind fehlte am

____

____

Ihrem Kind fehlte am

____

____

Ihrem Kind fehlte am

____

____

19

© der Originalausgabe: Verlag an der Ruhr
Autoren: Anke Hennig, Sabine Willmeroth
ISBN 978-3-8346-0935-9 - www.verlagruhr.de

111 Ideen für eine gewinnbringende Elternarbeit

8 Einbindung von Eltern

Es ist hilfreich und wichtig, die Eltern in die schulische Arbeit einzubinden. Sie machen damit die Betroffenen zu Beteiligten und ermöglichen einmal mehr Transparenz und Verständnis für Ihre Arbeit. Grundsätzlich sind viele Eltern gewillt, sich kurzfristig oder auch langfristig an der schulischen Arbeit zu beteiligen.
Zur kurzfristigen Elterneinbindung gehören die Begleitung einer Klassenfahrt oder eines Ausfluges, die Betreuung eines Angebotes beim Klassenfest oder dem Schulfest, die Besorgung notwendiger Materialien etc.
Langfristige Elterneinbindungen beziehen sich in der Regel auf ein Schuljahr, können aber auch innerhalb einer Klasse alle vier Grundschuljahre andauern. Langfristige Aufgabenübernahme über ein Schuljahr stellt z.B. die Mitarbeit in den schulischen Mitwirkungsgremien „Klassenpflegschaft", „Schulpflegschaft" und „Schulkonferenz" dar, aber auch Klassenkassenverwaltung, Lesemütter und so genannten Festkomitees können langfristig mitarbeiten.
Unabhängig davon, ob Eltern sich kurz- oder langfristig beteiligen, sind einige allgemeine Punkte von Bedeutung.

67 Aufgabendarstellung

Bevor sich Eltern für die Übernahme einer schulischen Aufgabe melden können, müssen sie den genauen Arbeitsrahmen kennen. Sie sollten darum die Aufgaben und den notwendigen Zeitrahmen genau bestimmen und vorstellen. Bei wiederkehrenden Aufgaben lohnt es sich, eine kleine schriftliche Zusammenfassung anzufertigen. Es ist auch möglich, in der Gesamtplanung eines Schuljahres und einer Klassenführung möglichst viele Aufgaben schon zu Beginn des Schuljahres vorzustellen und möglichst viele Eltern von Anfang an einzubinden.
Lassen Sie die Eltern eigene Ideen einbringen, wie sie Ihre Arbeit und die organisatorisch wichtigen Dinge der Klasse unterstützen können. Eltern haben oft sehr gute Ideen und können eine große Hilfe sein (→ *20 „Talentliste")*.

20

Talentliste der Eltern der Klasse NN im Schuljahr JJJJ/JJJJ

Mit folgendem Angebot beruflicher oder sonstiger Art kann ich die Klasse unterstützen

Nr.	Name des Kindes	Angebot
1.		
2.		
3.		
4.		
5.		
6.		
7.		
8.		
9.		
10.		
11.		
12.		
13.		
14.		
15.		
16.		
17.		
18.		
19.		
20.		
21.		
22.		
23.		
24.		
25.		
26.		
27.		
28.		
29.		
30.		

Autoren: Anke Hennig, Sabine Willmeroth
ISBN 978-3-8346-0935-9 - **www.verlagruhr.de**

68 Auswahl der Eltern

Sie sollten vermeiden, selbst Eltern für einzelne Aufgaben auszuwählen oder Eltern, die sich für eine bestimmte Aufgabe gemeldet haben, abzulehnen. Gestalten Sie die Situationen so, dass für jede Aufgabe die Anzahl der Helfer von Beginn an feststeht und die Eltern eigenverantwortlich entscheiden, wo sie mitarbeiten wollen. Organisatorisch ist es praktisch, die Aufgaben kurz schriftlich zu beschreiben und auf den jeweiligen Zettel die Anzahl an benötigten Helfern durch die Anzahl freier Zeilen zu symbolisieren, auf denen die Eltern sich per Unterschrift eintragen können (→ 21 *„Helferliste"*). Sind die notwendigen Helfer vorhanden, tragen sich erfahrungsgemäß keine weiteren Eltern ein. Manchmal ist es auch sinnvoll, Ersatzkräfte einzuplanen.

Helferliste der Klasse NN im Schuljahr JJJJ/JJJJ

Tragen Sie bitte den Namen Ihres Kindes ein.

Ausflug	Basteln			

Autoren: Anke Hennig, Sabine Willmeroth
ISBN 978-3-8346-0935-9 · www.verlagruhr.de

111 Ideen für eine gewinnbringende Elternarbeit

21

69 Lesemütter/-väter

Lesemütter oder -väter sind Erwachsene, die zu bestimmten Zeiten in die Schule kommen und Sie besonders im Erstleseprozess unterstützen. Meist übernehmen diese Eltern einzelne Kinder oder eine kleine Gruppe und lesen gemeinsam mit ihnen oder beaufsichtigen die Bearbeitung lesefördernder Aufgaben.
Bedenkenswert ist dabei die Tatsache, dass diese Eltern einen recht guten Einblick in den Leistungsstand der einzelnen Kinder erhalten. Es ist daher unerlässlich, die beteiligten Personen eine Schweigepflichtbelehrung (→ *22 „Schweigepflichtbelehrung Lesen“*) unterschreiben zu lassen. Dennoch sollte man sich keinen Illusionen hingeben. Leider wird doch häufig untereinander „gequatscht“. Sie sollten daher zu keiner Zeit Aussagen zum Leistungsstand einzelner Kinder machen. In der Unterrichtsrealität passiert dies leicht in Sätzen wie „Ich gebe Ihnen heute mal die schwache Gruppe“, „Mit X müssen Sie mal dies und das üben, er/sie kann das noch nicht so gut“ etc. Darüber hinaus ist es nicht selbstverständlich, dass alle Eltern damit einverstanden sind, dass fremde Eltern mit den eigenen Kindern irgendetwas üben. Sie sollten die Bereitschaft der anderen Eltern unbedingt dazu abfragen. Sollten Elternteile nicht wünschen, dass ihr Kind von anderen Eltern betreut wird, müssen Sie dem Rechnung tragen.

22

[Hier Briefkopf der Schule einfügen]

Ort, TT.MM.JJJJ

Belehrung über die Schweigepflicht

Sehr geehrte Frau ____________________,

sehr geehrter Herr ____________________,

Sie sind Lesemutter/-vater an unserer Schule und erhalten Einblick in personenbezogene Daten, Schülerverhalten, Schülerleistungen und Lehrergespräche.

Alle diese Informationen unterliegen der Verschwiegenheit und dürfen nicht weitergegeben werden.

Mit Ihrer Unterschrift bestätigen Sie die Belehrung sowie die Einhaltung der Schweigepflicht.

______________________________ ______________________________

(Schulleitung) (Unterschrift der/des Hospitierenden)

Autoren: Anke Hennig, Sabine Willmeroth
ISBN 978-3-8346-0935-9 – **www.verlagruhr.de**

70 Bildung eines Festkomitees

Die Bildung eines Festkomitees kann sehr hilfreich sein und die Klassenpflegschaft sehr unterstützen. Gemeint ist damit eine Gruppe von Eltern, die alle Feste und Feiern der Klasse gestaltet und damit mehrmals im Jahr, aber in der Regel anlassbezogen, aktiv wird. Der Klassenpflegschaftsvorsitzende kann, muss aber nicht, Mitglied sein. Allerdings sollten alle Aktivitäten mit der Klassenpflegschaft und dem Klassenlehrer abgesprochen sein.
Das Festkomitee kann das Schmücken und Vorbereiten des Raumes, die Beschaffung der Speisen und Getränke, die Organisation von Spielen oder Beiträgen etc. übernehmen.

71 Begleitungen durch Eltern

Sie können Eltern kurzfristig einbinden, indem diese eine Klassenfahrt oder einen Ausflug als zusätzliche Aufsichtsperson begleiten. Dabei muss Ihnen jedoch klar sein, dass Sie die Verantwortung für die Aufsicht tragen und auch für eventuelle Fehler von Eltern haften. Daher ist es wichtig, dass die Eltern die zu beaufsichtigenden Kinder beim Namen kennen. Eine Einteilung von Eltern für eine bestimmte Kindergruppe ist sinnvoll. Als Lehrkraft sollten Sie für Fragen oder Probleme erreichbar sein. Treffpunkte, Aufgaben und Zeiten sollten mit allen Erwachsenen gemeinsam genau abgesprochen werden. Im Vorfeld sollten Sie klären, ob Begleitpersonen, die auch beaufsichtigen, von den Kosten, wie Eintrittsgeld etc., durch Umlage auf die gesamte Klasse befreit werden. Alle Eltern nehmen auf eigene Gefahr an Ausflügen oder Klassenfahrten teil. Sie sind über ihre eigene Krankenversicherung versichert, nicht über die Schule oder den Schulträger.

72 Eltern als Fahrer

In Nordrhein-Westfalen dürfen Eltern aus versicherungsrechtlichen Gründen nicht für den Schülertransport in privaten PKWs eingesetzt werden.
Gelten für Ihr Bundesland andere Bestimmungen, sollten Sie sich durch schriftliche Einverständniserklärungen der Eltern rechtlich absichern.

73 Eltern als Fotografen

Es ist sehr nett, wenn Eltern in regelmäßigen Abständen nicht nur Ausflüge und Feste im Bild festhalten, sondern auch in Absprache mit Ihnen geeignete Unterrichtssequenzen fotografieren. Auf CD können so schöne Erinnerungen entstehen. Informieren Sie alle Eltern im Vorfeld. Erfahrungsgemäß sind meist alle einverstanden und freuen sich darüber. Bei der Veröffentlichung von Bildern auf einer Homepage o.Ä. sind alle Abgebildeten um Erlaubnis zu fragen, am besten in schriftlicher Form und bezogen auf die genau bestimmten Bilder.

74 Angebot bei Schulfesten etc.

Eltern können bei Schulfesten, Sportfesten etc. vorgegebene Angebote betreuen oder eigene Angebote einbringen.
Bei vorgegebenen Angeboten müssen alle benötigten Materialien bereitliegen, und Aufbau und/oder Durchführung müssen bekannt sein.
Bringen Eltern eigene Angebote ein, sollten Sie sich alles zuvor genau erläutern lassen, um Angebotsdoppelung oder evtl. Sicherheitsrisiken auszuschließen.
Bieten Sie Eltern, die materialintensive eigene Angebote einbringen möchten, Ihre Unterstützung bei der Materialbeschaffung an.

75 Bewirtung durch Eltern

Eltern können beim gemeinsamen Frühstück, Grillfest, Klassenfest oder Schulfest die Bewirtung übernehmen oder das Mitbringen von Getränken oder Speisen organisieren. Alkoholische Getränke sind bei Schulveranstaltungen und auf dem Schulgelände jedoch verboten.

76 Materialeinkauf/Klassenkassenverwaltung

Notwendige Materialien für Feste oder Kunstprojekte können durch die Klassenkassenverwaltung, ein Festkomitee oder auch anlassbezogen von Einzelpersonen besorgt werden. Dies kann Ihre Aufgabenfülle als Klassenlehrer enorm reduzieren (→ *Idee 20 „Klassenkasse"*)

9 Hospitationen

Da für viele Eltern die Unterrichtsabläufe heute fremd sind, ist es sinnvoll, ihnen über Hospitationen möglichst viel Einblick zu gewähren. Es gibt viele Situationen, in denen Eltern sich ein Bild über das eigene Kind in der Gruppe machen können. Darüber hinaus sind Eltern natürlich auch neugierig, zu sehen, wie Sie mit den Kindern umgehen. Aber auch Schüler, Studenten, Kollegen etc. wünschen häufig Hospitationen im Rahmen von Praktika etc. Laden Sie die Eltern oder andere Personen bewusst zu Hospitationen ein, legen Sie Hospitationstage fest, und bitten Sie um Anmeldung, damit nicht alle auf einmal kommen. Sie können bereits für die Klassenpflegschaftssitzung eine Liste vorbereiten, in die Sie mögliche Tage eintragen.

77 Verschwiegenheitserklärung

Legen Sie allen Besuchern vor jeder Hospitation eine Verschwiegenheitserklärung (→ CD 23 *„Schweigepflichtbelehrung Hospitation"*) vor, und lassen Sie sich diese unterschreiben. Hospitanten erfahren immer auch persönliche Details über Kinder, die sie gegenüber Dritten verschweigen müssen.

78 Zeit/Regeln

Legen Sie vor der Hospitation einen Zeitrahmen fest, der je nach Ziel variieren kann.

Wollen sich Eltern beispielsweise über das Verhalten ihres Kindes informieren, ist es sinnvoll, dass sie öfter kommen und auch über einen längeren Zeitraum bleiben. Nur so lässt sich ein authentisches Bild gewinnen.

Wollen Eltern bestimmte Unterrichtsmethoden sehen, bieten sich aus Ihrer Sicht wahrscheinlich bestimmte Tage besser an als andere. Das sollten Sie im eigenen Interesse berücksichtigen.

Stellen Sie unbedingt Regeln (→ 24 *„Hospitationsregeln"*) auf, die Sie während der Hospitation eingehalten wissen wollen. Bedenkenswerte Aspekte sind dabei

- Kontakt zum eigenen Kind bzw. zu den anderen Kindern
- Einmischen in den Unterricht
- Unterhaltung während des Unterrichts oder in Arbeitsphasen
- fester Sitzplatz
- freie Bewegung im Raum etc.

23

[Hier Briefkopf der Schule einfügen]

Ort, TT.MM.JJJJ

Belehrung über die Schweigepflicht

Sehr geehrte Frau ____________________,
sehr geehrter Herr ____________________,

Sie hospitieren an unserer Schule und erhalten Einblick in personenbezogene Daten, Schülerverhalten, Schülerleistungen und Lehrergespräche.

Alle diese Informationen unterliegen der Verschwiegenheit und dürfen nicht weitergegeben werden.

Mit Ihrer Unterschrift bestätigen Sie die Belehrung sowie die Einhaltung der Schweigepflicht.

______________________________ ______________________________

(Schulleitung) (Unterschrift der/des Hospitierenden)

24

[Hier Briefkopf der Schule einfügen]

Hospitationsregeln

Damit der Unterricht möglichst störungsfrei ablaufen kann, bitten wir Sie, im Interesse der Kinder,

- die Klasse pünktlich aufzusuchen,
- Ihr Handy auszuschalten,
- Gespräche nach Möglichkeit zu vermeiden.

Aus datenschutzrechtlichen Gründen weisen wir darauf hin, dass alle Informationen, die Sie in dieser Zeit über besondere Situationen, über andere Kinder, deren Verhalten und Leistung erfahren, dem Stillschweigen unterliegen.

Wir bitten Sie, dieses Stillschweigen zu wahren.

79 Beobachtungsziel

Jede Hospitation sollte ein Ziel haben, über das in einer nachfolgenden Reflexion in der Regel gesprochen wird. Halten Sie dieses Ziel in einem Beobachtungsbogen fest, den der Beobachter ausfüllt. (→ *25 „Beobachtungsbogen Hospitation"*) Dabei kann es auch ein legitimes Ziel von Eltern sein, sich „nur" über neue Unterrichtsmethoden zu informieren.
Seien Sie sich bewusst, dass Sie selbst bei Eltern auch auf dem Prüfstand stehen, ohne dass dies gesagt wird. Da das Ziel im Beobachtungsbogen aber klar definiert ist, sollten Sie sich über ein Gespräch über Ihre Person im Nachhinein nicht einlassen, es sei denn, es war erklärtes und von Ihnen akzeptiertes Ziel, dass Sie selbst beobachtet werden.
Je nach Hospitationsziel sollte es einen konkreten Auftrag für die Hospitanten geben.
Praktikanten bringen diesen Auftrag in der Regel mit. Eltern sollten ihn von Ihnen erhalten, wenn sie ihn nicht im Vorfeld selbst oder in Absprache mit Ihnen definiert haben.
Beobachtungen sollten möglichst wertfrei notiert werden, um möglicherweise anschließend im Gespräch erörtert zu werden. Als Leitfaden sollten Sie einen strukturierten Beobachtungsbogen vorbereiten und ihn den Hospitanten aushändigen.
Mögliche Beobachtungsbögen können Sie sich nach und nach situativ erstellen. Anhand der Aufzeichnungen können Unterrichtssequenzen oder beobachtetes Verhalten später erinnert und besprochen werden. Gleichzeitig erhält ein solcher Bogen Protokollcharakter und kann als Gesprächsgrundlage sowie zum Treffen von Absprachen genutzt werden.

25

Beobachtungsbogen zur Unterrichtshospitation

Sie beobachten Ihr Kind während des Unterrichts. Bitte machen Sie sich anhand der vorgegebenen Leitfragen Notizen. Beschreiben Sie die Situation, und vermeiden Sie Bewertungen.

Name des Kindes: ____________________ **Klasse:** __________ **Uhrzeit:** __________

unterrichtende Lehrkraft: ________________________________

Unterrichtsfach: ______________________

<u>1.Unterrichtsphase:</u>

Was passiert inhaltlich?

____

____

____

Wie verhält sich das Kind?

____

____

____

Was ist besonders auffällig?

____

____

____

<u>2.Unterrichtsphase:</u>

Was passiert inhaltlich?

____

____

____

Wie verhält sich das Kind?

____

____

____

Autoren: Anke Hennig, Sabine Willmeroth
ISBN 978-3-8346-0935-9 · www.verlagruhr.de

10 Klassenfahrt

Eine Klassenfahrt ist in Planung und Durchführung eine anstrengende Aufgabe, die jedoch der jeweiligen Gruppe und Ihnen selbst auch viele neue Erfahrungen bringt. Die Kinder lernen sich untereinander besser kennen, und auch Sie werden die Kinder aus einem anderen Blickwinkel als Schule und Unterricht erleben. Grundsätzlich ist eine gelungene Klassenfahrt für alle Beteiligten eine sehr wertvolle Erfahrung, die durch keine andere Aktivität ersetzt werden kann.
Als Lehrkraft sind Sie allerdings nicht verpflichtet, eine Klassenfahrt durchzuführen. In der Regel gibt es jedoch an jeder Schule ein entsprechendes Konzept, dem man sich verpflichtet fühlen sollte. Falls Sie mit dem Klassenfahrtkonzept der Schule nicht einverstanden sind, versuchen Sie, dieses auf der Ebene des Kollegiums zu diskutieren, nicht aber vor den Eltern.

80 Ortswahl

Möglicherweise ist im schuleigenen Klassenfahrtskonzept der Zielort bereits festgelegt. So fahren bestimmte Schulen gerne in Schullandheime oder Jugendherbergen, mit denen sie bereits über Jahre zusammenarbeiten.
Falls Sie die Ortswahl haben, gibt es einige Dinge, die Sie bedenken sollen:

- Überlegen Sie sich **frühzeitig**, wohin Sie gerne fahren möchten. Bedenken Sie dabei die manchmal jahrelangen Vorausbuchungen vieler Schulen. Erfahrungsgemäß ist eine spontane Buchung selten möglich. Kümmern Sie sich also zeitig, möglicherweise schon zu Beginn des ersten Schuljahres, um den Ort, noch bevor das Thema für die Klasse und die Eltern aktuell wird.
- **Es ist nicht ratsam, Vorschläge von Eltern einzuholen**. Möglicherweise bevorzugt die Elternschaft ein Reiseziel, das Sie selbst nicht ansteuern wollen. Es ist dann schwierig, ein solches Ziel abzulehnen. Da Sie jedoch die Durchführung der Klassenfahrt übernehmen, sollten Sie auch bewusst selbst das Ziel auswählen.
- Achten Sie bei der Wahl Ihres Zieles auch auf **mögliche Allergiker** in Ihrer Klasse. Für einige Kinder schließt sich der Kontakt zu Tieren aus, daher sind Ponyhöfe etc. nur geeignet, wenn kein Kind Tierhaarallergien hat.

- Mit der Wahl des Zielortes stehen Sie auch vor der Frage, ob Sie dort ein **vorbereitetes Programm** buchen möchten, wie es in vielen Jugendherbergen heute angeboten wird, oder ob Sie selbst für das Programm sorgen wollen. Ein vorbereitetes Programm kann sehr hilfreich sein. In der Regel wird es durch Personal vor Ort durchgeführt. Sie selbst werden zwar eingebunden, haben aber keine Vorbereitungsverpflichtung. Das entlastet, zumal Sie während der Klassenfahrt rund um die Uhr für die Kinder Ihrer Klasse verantwortlich sind und möglicherweise schlaflose Nächte haben. Andererseits ist ein gebuchtes Programm vielfach teurer als ein eigenes. Sie sollten gut abwägen.

81 Vorabbesichtigung des Zielortes

Wenn Sie sich für ein Ziel entschieden haben, sollten Sie die Örtlichkeit unbedingt vor der Fahrt besichtigen, am besten noch vor der Buchung. Häufig sind die Leitungen der jeweiligen Häuser gerne zu einem Vorgespräch vor Ort bereit, um Ihnen alle notwendigen Informationen zu geben. Vor Ort lassen sich die Gegebenheiten, Sehenswürdigkeiten, Spielmöglichkeiten, Busverbindungen, Einkaufsmöglichkeiten, Nähe von Ärzten etc. genau feststellen. Je mehr Sie im Vorfeld wissen, desto weniger negative Überraschungen erleben Sie während der Klassenfahrt. Insbesondere wenn Sie sich dazu entschieden haben, das Programm während der Klassenfahrt selbst zu gestalten, kommen Sie um eine Vorabbesichtigung des Zielortes nicht herum, denn nur darüber lässt sich feststellen, ob Ihre Programmüberlegungen wie gewünscht umsetzbar sind. Teilweise hängt von der Umgebung auch ab, wie viele Aufsichtspersonen Sie während der Klassenfahrt benötigen. Können die Kinder beispielsweise auf einem abgeschlossenen, überschaubaren Gebiet spielen und sind nicht durch Verkehr gefährdet, kann die Gruppe von wenigen Betreuungskräften überblickt werden.

82 Zeitpunkt

Der richtige Zeitpunkt für eine Klassenfahrt ist meist eine subjektive Entscheidung. Manchmal bildet die Klassenfahrt den Auftakt für ein Schuljahr

oder schließt ein gemeinsames Jahr ab. Daher ist sie zeitlich bestimmten Monaten zugeordnet.
Häufig gibt es für Monate, die jahreszeitlich unattraktiv sind, günstigere Preise. Wenn Sie sich für einen solchen Zeitraum entscheiden, muss das Programm für drinnen gut durchdacht sein, damit keine Langeweile auftritt. Planen Sie für kaltes oder nasses Wetter genug Wechselkleidung ein. Ein Vorteil unbeliebter Jahreszeiten ist auch, dass oft nur wenige Gäste anwesend sind und Sie dadurch die Häuser für Ihre Gruppe allein nutzen können bzw. auch noch kurzfristige Buchungen innerhalb eines Jahres vornehmen können.

83 Dauer

Falls im schuleigenen Klassenfahrtskonzept die Dauer der Klassenfahrt festgelegt ist, müssen Sie sich danach richten.
Haben Sie die Wahl, sollten Sie sich zwischen der Dauer von drei Tagen oder einer Woche entscheiden. Eine wichtige Entscheidungsgrundlage sind die Kosten. Je länger die Fahrt dauert, desto teurer ist sie natürlich.

Zudem sollten Sie folgende Punkte erwägen:

- Für eine **längere Fahrt** spricht, dass Aufwand und Nutzen dann in einem ausgewogeneren Verhältnis stehen als bei einer 3-tägigen Fahrt. Allerdings stellen sich Heimweh und andere Schwierigkeiten, wie z.B. anhaltender Streit unter einzelnen Kindern oder Kindergruppen, bei längeren Fahrten eher ein.
- Für eine **kürzere, 3-tägige Fahrt** spricht, dass meist alle Kinder zwei Nächte in einer fremden Umgebung ohne Heimweh schaffen. Selten haben die Kinder bei einer kurzen Fahrt ausreichend Zeit, um Gruppen zu bilden, die sich ausdauernd streiten. Falls Sie sich für eine 3-tägige Fahrt entscheiden, ist es sinnvoll, von Mittwoch bis Freitag zu fahren, sofern der gewählte Zielort dies zulässt. Erfahrungsgemäß ist eine Kassenfahrt für Lehrkräfte sehr anstrengend und meist mit Schlafmangel verbunden. Wenn Sie freitags zurückkehren, können Sie das Wochenende nutzen, um sich zu erholen. Fahren Sie von Montag bis Mittwoch, müssen Sie am Donnerstag wieder zum Unterricht, während etliche Eltern ihre Kinder am nächsten Tag krank melden. Für Ihr Fehlen hätte allerdings niemand Verständnis.

84 Mitfahrt anderer Klassen

Falls es im schuleigenen Klassenfahrtskonzept nicht ohnehin schon festgelegt ist, lohnt sich die Überlegung, mit mehreren Klassen der gleichen Schule gemeinsam zu fahren.
Ein erster **Vorteil** ist die vollständige Belegung einer Jugendherberge oder eines Schullandheimes mit den Klassen der eigenen Schule, deren Kinder und Lehrkräfte Sie kennen. Fremde Gruppen führen möglicherweise zu Konflikten unter den Kindern und/oder den Erwachsenen. Ein weiterer Vorteil ist, dass mehr Unterricht wegfällt und es dadurch vielleicht möglich wird, Fachlehrkräfte oder Referendare zur Verstärkung als Begleitpersonen zu gewinnen.
Nachteilig kann sich auswirken, dass sich mögliche bestehende Konflikte zwischen Klassen auf der Fahrt fortsetzen und manifestieren. Genauso gut könnte sich aber auch eine Lösung eben dieser Konflikte ergeben.

85 Abstimmung

In Nordrhein-Westfalen besteht die Verpflichtung, dass die Klassenpflegschaft über die Durchführung einer Klassenfahrt abstimmt. Dabei geht es nur darum, ob die Fahrt durchgeführt wird. Sie sollten auch nur dies zur Abstimmung stellen. Es gilt die Mehrheitsentscheidung. Ratsam ist es jedoch, eine Klassenfahrt nur bei einer deutlichen Mehrheit durchzuführen. Fahren viele Kinder nicht mit, ist der Sinn einer Klassenfahrt nicht erreicht, und die Fahrt selbst wird für die anderen in der Regel teurer.
Viele Eltern möchten vor der Abstimmung genauer über die geplanten Aktivitäten Bescheid wissen. Darum sollten Sie vor der Abstimmung den Zielort und die Aktivitäten vorstellen.
Für muslimische Eltern hängt die Mitfahrerlaubnis für ihre Kinder häufig von der Einhaltung der Speisevorschriften ab. Dies sollten Sie bereits geklärt haben, bevor es zu einer Abstimmung kommt. Nehmen Sie sich vorher auch ausreichend Zeit für alle Fragen der Eltern.
Organisatorisch können Sie wieder auf die Klassenliste (→ CD 6 *„Namensliste"*) zurückgreifen, über die Sie den Zweck der Abstimmung schreiben, z.B. „Ich stimme der Durchführung einer Klassenfahrt zu". Lassen Sie die Liste weitergeben, und alle Eltern, die zustimmen, unterschreiben neben dem Namen ihres Kindes. So können Sie später immer nachvollziehen, wer dafür abgestimmt hat.

86 Einverständniserklärungen

Lassen Sie sich von den Eltern eine Einverständniserklärung (→ *26 „Anschreiben Klassenfahrt“*; → *27 „Einverständniserklärung Klassenfahrt“*) unterschreiben, dass das Kind mitfahren darf und die Eltern die Kosten übernehmen.
Je nachdem, welche Aktivitäten Sie planen, ist es sinnvoll, im Vorfeld von den Eltern auch dafür eine Erlaubnis einzuholen. So sollte z.B. das Bummeln in kleinen Schülergruppen durch eine begrenzte Fußgängerzone nur mit einem entsprechenden Einverständnis der Eltern durchgeführt werden (→ *28 „Einverständniserklärung Bummeln“*). Es geht dabei um die Frage, ob die Eltern ihrem Kind erlauben, sich aus Ihrer unmittelbaren Reichweite zu entfernen. Nach wie vor liegt die Aufsichtspflicht bei Ihnen. Es ist aber durchaus denkbar, dass Kinder kurzfristig und in kleinen Gruppen selbstständig etwas unternehmen, wenn sie wissen, wo sie Sie im Notfall antreffen können. Für Kinder, auf die man sich nicht verlassen kann, und für solche, denen die Eltern das nicht zutrauen, gelten andere Regeln: Sie müssen in Ihrer unmittelbaren Nähe bleiben.

26

(Schulkopf einfügen)

Ort, Datum

Klassenfahrt NN

von Wochentag, Tag.Monat. JJJJ bis Wochentag, Tag.Monat. JJJJ

Liebe Eltern der Klasse X,

nachfolgend geben wir Ihnen die Informationen zur Klassenfahrt

Abfahrt:	**Wochentag, Tag.Monat. JJJJ**	-	Uhrzeit, Ort
Rückkehr:	**Wochentag, Tag.Monat. JJJJ**	-	ca. Uhrzeit, Ort

- Bitte geben Sie folgende Unterlagen bis **Wochentag, Tag. Monat. JJJJ,** an die Schule zurück:
  "Erklärung zur Klassenfahrt" (siehe beigefügter Vordruck)

- Bitte geben Sie folgende Unterlagen bis **Wochentag, Tag. Monat. JJJJ,** (Tag vor der Abreise) in der Schule ab:
  einen offenen, mit Namen und Klasse versehenen DIN-A5-Umschlag mit
  - Impfpass (Kopie)
  - Überweisungsschein bzw. Krankenversicherungskarte

27

Erklärung zur Klassenfahrt

Einverständnis

Ich bin/Wir sind dass mein/unser Kind ☐ damit einverstanden, ☐ **nicht** damit einverstanden,

Name, Vorname, Klasse, Anschrift

in der Zeit **vom Wochentag, TT. Monat JJJJ, bis Wochentag, TT. Monat JJJJ,** an der **Klassenfahrt** teilnimmt.

Kostenübernahme

☐ Ich versichere/Wir versichern, dass ich/wir die **Kosten in Höhe von XX,XX Euro** übernehme/übernehmen.

☐ Ich beantrage/Wir beantragen die Übernahme der **Kosten in Höhe von XX,XX Euro** als Leistung für Bildung und Teilhabe. (Der ausgefüllte Antrag ist beigefügt.)

Verkehrsmittel

Ich nehme hiermit zur Kenntnis, dass die Kinder mit dem **Reisebus** reisen.

Gesundheit

Hinweise zu gesundheitlichen Risiken/Allergien:

____

____

____

Mein Kind/Unser Kind muss regelmäßig unter Aufsicht Medikamente einnehmen (Medikamente und Dosierung bitte angeben!):

____

____

Seite **1** von **2**

Autoren: Anke Hennig, Sabine Willmeroth
ISBN 978-3-8346-0935-9 – **www.verlagruhr.de**

Einverständniserklärung für das Bummeln in Kleingruppen

Es ist geplant, dass die Kinder während der Klassenfahrt für eine kurze Zeit durch den Ort

__________________________ bummeln, um Souvenirs zu kaufen.

Bitte Zutreffendes ankreuzen:

❑ Ich bin/Wir sind damit einverstanden, dass mein/unser Kind _______________________

(Nachname, Vorname)

während der Klassenfahrt nach _____________________________ vom ______________

bis ______________ in einer Kleingruppe durch den Ort bummelt.

❑ Ich bin/Wir sind **nicht** damit einverstanden, dass mein/unser Kind __________________

(Nachname, Vorname)

während der Klassenfahrt nach _____________________________ vom ______________

bis ______________ in einer Kleingruppe durch den Ort bummelt.

________________ ____

Datum Unterschrift/en

ISBN 978-3-8346-0935-9 · www.verlagruhr.de

87 Begleitpersonen

Die Anzahl der Aufsichtskräfte hängt von der Menge der zu beaufsichtigenden Kinder ab. Bei einer Klassenfahrt sind grundsätzlich zwei Kräfte pro Klasse nötig, wobei jedoch mehr Kräfte wünschenswert sind.
Als männliche Lehrkraft müssen Sie für die Betreuung der Mädchen eine weibliche Person mitnehmen, da Ihnen das Betreten der Waschräume und Zimmer nur bedingt gestattet ist. Als weibliche Lehrkraft müssen Sie für die Jungen hingegen keine männliche Person mitnehmen. Sie dürfen Waschräume und Zimmer unter Wahrung der Intimsphäre der Kinder betreten.

Eine häufig diskutierte und schwierige Frage ist die **Begleitung durch Eltern**:

- **Dafür** spricht, dass manche Fahrten ansonsten gar nicht durchführbar wären, da die Schule nicht genügend Personal freistellen kann. Es eröffnet auch die Möglichkeit, Väter mitzunehmen, die vor allem für die Jungen attraktive Spielangebote (Fußball, Schnitzen, Feuer machen etc.) anbieten können, die es so im Grundschulalltag häufig nicht gibt.
- **Dagegen** spricht, dass Sie als Lehrkraft stets beobachtet werden oder sich zumindest so fühlen. Das kann sehr stressig sein. Sie müssen immer damit rechnen, dass alle Ihre Fehler wahrgenommen und womöglich gegen Sie verwendet werden. Eltern sind häufig nicht in der Lage, Entscheidungen zu treffen, und überlassen dies Ihnen, bewerten aber Ihre getroffene Entscheidung. Wenn Sie Eltern mitnehmen, dann binden Sie diese bewusst in die Entscheidungsfindung ein, und muten Sie diesen auch zu, die Konsequenzen mitzutragen, die sich möglicherweise ergeben.
  Dagegen spricht auch, dass die Kinder, deren Eltern mitfahren, sich nicht so frei und ungezwungen verhalten können wie die anderen. Auf einer Klassenfahrt darf man als Kind auch einmal Unsinn machen. Kinder, deren Eltern mitfahren, fühlen sich jedoch meist beobachtet – was sie letztlich auch sind – und haben weniger Spaß. Im schlimmsten Fall kümmern sich die mitfahrenden Eltern bevorzugt um das eigene Kind und sind für die begleitenden Lehrkräfte keine Hilfe, sondern eine Belastung. Nur selten lässt sich ein solches unangebrachtes Verhalten mit den entsprechenden Eltern klären. Gespräche dieser Art sind auch auf einer Klassenfahrt wenig hilfreich. Außerdem spricht dagegen, dass sich häufig nicht die Eltern anbieten, die Sie gerne mitnehmen würden, sondern andere. Bieten sich zu viele Elternteile an, haben Sie die unangenehme Pflicht der Auswahl und der Absage.

- Idealerweise fahren Sie nur mit Kollegen. Das setzt jedoch eine entsprechende schulische Planung voraus (→ *vgl. Idee 84 „Mitfahrt anderer Klassen"*).

88 Versicherung

Eine Klassenfahrt ist eine Schulveranstaltung, bei der die Schüler dem gleichen Versicherungsschutz unterliegen wie sonst auch.
Lehrkräfte sind dienstlich versichert, da es sich um Dienstausübung handelt.
Bei Unfällen der Lehrkräfte handelt es sich damit um Dienstunfälle.
Mitfahrende Eltern begleiten eine Klassenfahrt auf eigenes Risiko.
Unfälle oder Verletzungen trägt die eigene Krankenkasse.

89 Busbestellung

Im Rahmen der Versicherungslage (→ *vgl. Idee 88 „Versicherung"*) sollte die Bestellung der Busse oder anderer Fahrzeuge unbedingt über die Schulleitung erfolgen. In manchen Städten oder Kreisen will der Schulträger, der den Versicherungsschutz gewährleistet, mitbestimmen, welche Unternehmen gemietet werden.
Die Schule muss sich die Einhaltung der Bestimmungen vom Reiseunternehmen bestätigen lassen. Als Lehrkraft sollten Sie diese Verantwortung nicht auf sich nehmen.

90 Kosten

Die Kosten einer Klassenfahrt hängen von der Fahrt selbst, der Unterkunft, der Verpflegung und vom Programm ab. Einsparungen lassen sich meist nur bei den Fahrtkosten erzielen, wenn Sie unterschiedliche Angebote und verschiedene Verkehrsmittel vergleichen. Die Reise mit einem Bus ist in der Regel schnell und bequem, da man direkt vor der Tür abgeholt bzw. abgesetzt

wird und auch keine Probleme mit dem Gepäcktransport bestehen. Darüber hinaus ist die Beaufsichtigung am leichtesten. Im Vergleich zur Bahn ist sie in der Regel jedoch auch die teurere Reisemöglichkeit. Alle Eintritte und zusätzlichen Kosten sollten Sie im Vorfeld einkalkulieren. Es ist sinnvoll, die Klassenfahrt sehr früh bekannt zu geben. Die Eltern haben dann die Möglichkeit, die Kosten für die Reise über Monate hinweg anzusparen. Auch das Angebot, das Geld in zwei Teilraten zu bezahlen, erleichtert den Eltern die Bezahlung. Für die Bezahlung kann ein eigenes Konto eingerichtet werden. In vielen Schulen ist auch die Nutzung des Schulkontos für Überweisungen möglich. Diese haben im Vergleich zur Barzahlung den Vorteil, dass die Kinder keine größere Geldsumme mit in die Schule bringen müssen. Die Überweisung auf ein Privatkonto ist nicht gestattet, da die Zahlungseingänge im schlimmsten Fall (z.B. Privatinsolvenz, Todesfall) unwiederbringlich verloren sind.
Falls Elternteile mitfahren, ist zu überlegen, ob die Kosten von diesen selbst getragen werden oder ob der Betrag auf die Klasse umgelegt wird.
Nach der Klassenfahrt sollten Sie den Klassenpflegschaftsvorsitzenden eine detaillierte Abrechnung vorlegen. Mögliche Überschüsse können an die Eltern zurückgezahlt oder – nach Abstimmung – in die Klassenkasse eingezahlt werden.

91 Probleme bei der Finanzierung

Bereits im Vorfeld sollten Sie zusammen mit den Klassenpflegschaftsvorsitzenden überlegen, wie Kinder unterstützt werden können, deren Eltern das notwendige Geld nicht aufbringen können.
In Deutschland gibt es seit 2011 das so genannte Bildungs- und Teilhabegesetz, auf dessen Grundlage Bedürftige auf Antrag die Kosten für eine Klassenfahrt komplett erstattet bekommen. Der Betrag wird an den Veranstalter, also die Schule, ausgezahlt. Häufig benötigen diese Eltern von Ihnen auch Unterstützung bei der Antragstellung.
Finanzschwachen Eltern, die nicht unter dieses Gesetz fallen und keine Zuwendung erhalten, sollten nicht ganz von der Zahlung befreit werden, sondern einen Teilbetrag leisten, den sie aufwenden können. Vielleicht kann der Förderverein für die Restsumme einspringen. Besprechen Sie mit den entsprechenden Eltern auch, ob der fehlende Betrag durch Umlage finanziert werden kann. Wahren Sie allerdings die Anonymität der bedürftigen Familie.

92 Bezahlung von Unterkunft etc.

Es ist ratsam, möglichst viele der anfallenden Kosten per Überweisung zu tätigen, damit Sie nicht unnötig viel Bargeld mit auf die Reise nehmen müssen. Erfahrungsgemäß können Sie Unterkunft, Busreise und sogar Eintrittsgelder für Zoos, Tierparks, Schwimmbäder etc. im Voraus und von zu Hause aus bequem per Überweisung bezahlen. Wenn dies frühzeitig geschieht – vorausgesetzt, alle Eltern haben bezahlt – kann das entsprechende Unternehmen eine schriftliche Bestätigung an das Schulsekretariat senden. Diese Bestätigung dient Ihnen dann vor Ort als Nachweis für geleistete Zahlungen.

93 Packliste

Ein Organisationsteam aus Eltern kann entsprechend der Dauer und der Örtlichkeit der Klassenfahrt eine Packliste erstellen, auf der aufgeführt ist, was die Kinder genau benötigen.
Halten Sie die Eltern an, gemeinsam mit den Kindern zu packen, damit diese wissen, welche Handtücher, Kleidungsstücke etc. ihnen gehören. Mit Stoffstiften lassen sich auf die Wäsche- oder Größenschilder auch die Initialen aufschreiben. Äußerst bewährt hat sich außerdem eine Packliste im Reisegepäck der Kinder. Auf dieser Liste halten die Eltern bzw. Kinder während des Packens genau fest, was sich alles im Koffer bzw. der Tasche befindet. Das eigenständige Packen durch die Kinder am letzten Tag der Klassenfahrt lässt sich durch eine solche Liste erheblich beschleunigen.

94 Regelung besonderer Teilnehmersituationen

Es ist schön, wenn alle Kinder der Klasse mit auf die Klassenfahrt kommen. Es gibt jedoch manchmal verhaltensauffällige, schwierige oder behinderte Kinder, für die Sie die Verantwortung für eine solche Reise nicht übernehmen wollen oder können. Es gibt mehrere Möglichkeiten, dieses Problem zu lösen:

- Sie schließen ein solches Kind in Absprache mit der Schulleitung aus und lassen es für diese Zeit **in einer anderen Klasse beschulen**. Dies ist die unangenehmste Entscheidung und sicher auch eine seltene Ausnahme. Sie kann aber notwendig sein.

- Sie sprechen mit dem Kind und den Eltern **genaue Verhaltens- oder Betreuungsregeln** ab. Im Falle der Nichteinhaltung oder der Nichtdurchführbarkeit erklären die Eltern sich bereit, das Kind abzuholen. Diese Möglichkeit gibt den Kindern die Chance, sich positiv zu beweisen, lässt Ihnen aber bei untragbaren Regelverstößen oder Betreuungssituationen einen Handlungsspielraum.
- **Die Eltern begleiten ihr Kind**, um es zu beaufsichtigen oder zusätzlich zu betreuen. Damit ergeben sich unter Umständen die negativen Aspekte, die unter dem Punkt „Eltern als Begleitung" (→ *Idee 87 „Begleitpersonen"*) aufgeführt sind, andererseits lassen sich so die meisten Kinder in die Gruppe integrieren.

95 Nichtteilnahme

Für Kinder, die nicht an der Klassenfahrt teilnehmen, besteht während der Dauer der Klassenfahrt Schulpflicht. Diese Kinder haben also nicht frei, sondern sie besuchen eine andere Klasse. Je nachdem, ob es sich dabei um eine Parallelklasse oder eine andere Klasse handelt, ist abzuwägen, ob die Kinder am Unterricht der anderen teilnehmen können oder ob sie einen eigenen Arbeitsplan für diese Zeit benötigen. Sprechen Sie sich hierbei mit Ihren Kollegen ab.

96 Notfälle

Es ist äußerst wichtig, für Notfälle alle wichtigen Unterlagen der Kinder zur Hand zu haben. Lassen Sie darum von den Eltern einen Notfallumschlag anlegen. Er sollte die Versicherungskarte des Kindes und alle wichtigen Informationen zu Krankheiten etc. beinhalten. Er sollte gut sichtbar von außen mit dem Namen des Kindes und mindestens zwei Telefonnummern beschriftet sein, die Sie im Notfall anrufen können.
Falls Sie mit einem Kind krankheitsbedingt oder wegen eines Unfalls einen Arzt oder ein Krankenhaus aufsuchen müssen, melden Sie sich unbedingt

bei den Eltern. Diese müssen für alle Untersuchungen oder Behandlungen dem jeweiligen Arzt ihr Einverständnis geben. Falls Ihnen dafür keine Zeit bleibt, bedenken Sie, dass Ihre Entscheidungen im Nachhinein von den Eltern in Frage gestellt werden können. In diesen Fällen können Sie haftbar gemacht werden.

97 Erreichbarkeit

Falls Sie für Eltern in Notfällen erreichbar sein möchten, geben Sie eine konkrete Zeitspanne und eine Telefonnummer an, unter der Sie pro Tag zu erreichen sind. Legen Sie auch fest, in welchen Fällen aus Ihrer Sicht ein Kontakt sinnvoll ist.

98 Taschengeld

Setzen Sie eine Höchstsumme für das Taschengeld fest. Sie müssen allerdings damit rechnen, dass sich nicht alle daran halten. Machen Sie den Eltern klar, dass Sie für verlorenes Geld keine Verantwortung übernehmen. Es ist auch denkbar, dass die Kinder gar kein Taschengeld benötigen. Das lässt sich aber nur schwer durchsetzen.

99 Elterninformation/Telefonliste

Vereinbaren Sie mit den Eltern die Durchführung einer Telefonkette (→ *Idee 21 „Telefonkette"*), wenn Sie Ihren Zielort mit den Kindern erreicht haben. Zu diesem Zweck rufen Sie den Pflegschaftsvorsitzenden an, der dann die Telefonkette in Gang bringt. Auf diese Weise werden alle Eltern informiert.

100 Telefonkontakt durch Kinder

Das Telefonieren von Kindern mit ihren Eltern sollten Sie nicht zulassen. Sprechen Sie dies jedoch vorher mit den Eltern und Kindern ab. Häufig führt Telefonkontakt mit den Eltern zu Heimweh und belastet die Fahrt. Wenn nicht telefoniert werden soll, benötigen die Kinder auch kein Handy. Sie sollten dies auf die Liste der verbotenen Gegenstände (→ *Idee 101 „Verbotene Gegenstände"*) setzen.

101 Verbotene Gegenstände

Stellen Sie am besten gemeinsam mit den Kindern eine Liste der Gegenstände zusammen, die sie nicht mit auf die Klassenfahrt nehmen dürfen. Das sind in der Regel alle elektronischen Musikgeräte und Computerspiele, aber auch Handys etc. Besprechen Sie mit den Kindern, was sie stattdessen mitnehmen dürfen oder sollen, wie z.B. Reisespiele, Mal- und Schreibutensilien, Bälle, Seile, Bücher, CDs für eine Disko, Spielvorschläge und Gegenstände für Gemeinschaftsspiele etc.

102 Medikamente und Zecken

In Nordrhein-Westfalen ist es Lehrkräften nicht erlaubt, Medikamente zu verabreichen, Salben bzw. Desinfektionsmittel auf Wunden aufzutragen oder Zecken zu entfernen. Bei einer Klassenfahrt werden Sie jedoch häufig in Situationen kommen, die eine solche medizinische Versorgung notwendig machen. Beachten Sie dabei Folgendes:

- Wenn Sie die Verantwortung auf sich nehmen und nicht mit jeder Wunde zum Arzt fahren wollen, besprechen Sie diese Vorschrift mit den Eltern, und lassen Sie sich von ihnen schriftlich geben, dass sie diese **Wundversorgung** durch Ihre Person ausdrücklich wünschen (→ CD 29 *„Einverständniserklärung Wundversorgung"*). Dabei sollte sichergestellt sein, dass die Kinder gegenüber Desinfektionsmitteln o.Ä. nicht allergisch reagieren. Möglicherweise können Sie die Kinder solche Mittel selbst mitbringen lassen. Unabhängig davon, ob Ihnen die Eltern die Erlaubnis zum Auftragen von Salben oder Sprays gegeben haben, können die Eltern Sie persönlich für Fehler haftbar machen. Ihr Verhalten ist dabei immer eine Gratwanderung zwischen der notwendigen Hilfeleistung und einer möglichen Fehlmedikation bzw. -behandlung.

- Kinder, die regelmäßig **Medikamente** nehmen müssen, sollten das selbst, aber unter Ihrer Aufsicht tun. Sie können die Medikamente unter Verschluss halten und die jeweiligen Kinder zu den Einnahmezeiten (z.B. morgens oder abends bei den Mahlzeiten) versammeln und die Medikamente einnehmen lassen.
- Eine besondere Schwierigkeit stellt das **Entfernen von Zecken** dar, die zu manchen Jahreszeiten gehäuft auftreten. Auch hier sollten Sie wie bei den Salben und Desinfektionsmitteln handeln. Falls Sie sich für die Entfernung von Zecken auf Elternwunsch (→ *30 „Einverständniserklärung Zecken"*) entscheiden, sollten Sie notieren, wann Sie wem und wo eine Zecke entfernt haben. Die Eltern sollten nach der Klassenfahrt wissen, ob bei ihrem Kind Zecken entfernt wurden. Nur so lassen sich mögliche Borreliose-Infektionen beobachten und notfalls bekämpfen.

29

Einverständniserklärung zur Wundversorgung

für die Klassenfahrt nach ______________________________ vom ____________
bis ____________.

Ich bin/Wir sind damit einverstanden, dass bei meinem/unserem Kind
____________________________ kleine Schürf- und Schnittwunden von der
(Name, Vorname)
Klassenlehrkraft mit dem Desinfektionsmittel ______________________ desinfiziert und versorgt werden.

Bitte Zutreffendes ankreuzen:

- ❑ Ich/Wir versichere/n, dass bei meinem/unserem Kind keine Allergie gegen das Desinfektionsmittel __________________ vorliegt.
- ❑ Ich bin/Wir bitten um die Desinfektion mit meinem/unserem eigenen Mittel. Ich/Wir gebe/n dafür ______________________ mit.

______________ ____
Datum Unterschrift/en

© der Originalausgabe: Verlag an der Ruhr
Autoren: Anke Hennig, Sabine Willmeroth
ISBN 978-3-8346-0935-9 · www.verlagruhr.de

111 Ideen für eine gewinnbringende Elternarbeit

30

Einverständniserklärung zur Entfernung von Zecken

für die Klassenfahrt nach ______________________ vom __________

bis __________.

Bitte Zutreffendes ankreuzen:

❑ Ich bin/Wir sind damit einverstanden, dass bei meinem/unserem Kind

______________________ Zecken von der Klassenlehrkraft mit einem

(Name, Vorname)

geeigneten Instrument zur Zeckenentfernung entfernt werden.

❑ Ich bin/Wir sind nicht damit einverstanden, dass bei meinem/unserem Kind

______________________ Zecken von der Klassenlehrkraft entfernt werden.

(Name, Vorname)

Ich/Wir bitte/n darum, bei Zeckenbefall einen Arzt aufzusuchen.

Wird von der Lehrkraft im Bedarfsfall ausgefüllt

Bei Ihrem Kind wurden an folgenden Stellen Zecken entfernt:

____

____

____

____

__________ ______________________________

Datum Unterschrift/en

ISBN 978-3-8346-0935-9 – www.verlagruhr.de

103 Allergiker

Wenn Kinder Allergiker sind, kann das abhängig von der jeweiligen Allergie sehr gefährlich sein. Sie sollten über alle Allergien der Kinder genau Bescheid wissen. Bei lebensbedrohlichen Allergien, die es häufig im Nahrungsmittelbereich oder bei Hautkontakt mit Allergenen gibt, ist meist eine Notfallversorgung über eine Spritze oder andere Medikamente nötig.
Wir raten Ihnen aus Haftungsgründen dringend davon ab, eine derartige Medikation selbst vorzunehmen. Sie sind dazu auch nicht verpflichtet.
Da es dabei aber häufig um Sekunden geht und die Zeit für die Alarmierung eines Rettungswagens nicht ausreicht, sollten diese Kinder immer von einem Elternteil begleitet werden.

104 (Un-)Ruhige Nächte

Wenn Kinder auf Kassenfahrt gehen, sind sie zum einen aufgeregt, zum anderen wollen sie am liebsten nicht ins Bett. Das beschert dem Betreuungspersonal meist mehrere unruhige bis schlaflose Nächte. Ganz sicher ist die erste Nacht sehr unruhig. Das lässt sich durch einen kleinen Trick vermeiden. Wenn die Kinder zum ersten Mal danach fragen, wann sie ins Bett müssen, geben Sie sich ganz ehrlich erstaunt und sagen, auf Klassenfahrten sei das Schlafen verboten. Alle Erwachsenen müssen allerdings wirklich ernst bleiben und darauf beharren. Wenn es möglich ist, beziehen Sie bei der Ankunft auch nicht die Betten, denn die brauchen Sie ja gar nicht.
Am ersten Tag sollten Sie viel unternehmen, sodass die Kinder müde werden. Planen Sie möglicherweise die Nachtwanderung schon für den ersten Abend. Gehen Sie nach dem Abendessen mit den Kindern nach draußen, und spielen Sie mit ihnen, auch wenn es schon dunkel wird. Irgendwann werden die ersten Kinder sagen, sie seien müde und würden gerne schlafen. Drücken Sie Ihr Bedauern aus, aber lassen Sie sich bei den Aktivitäten nicht stören. Was man nicht darf, ist besonders erstrebenswert, und so wird sich der Wunsch, ins Bett zu gehen, unter den Kindern breitmachen. Sie tun allerdings so, als würde Sie das nicht stören, und berichten von den nächsten Spielen, die Sie im Dunkeln vorhaben. Die Kinder werden wiederholt nachfragen. Sie dürfen nicht zu früh nachgeben. Es darf ruhig Mitternacht werden, nur dann sind Sie glaubhaft. Holen Sie dann die Kinder zusammen und

erklären, dass Sie das „Gejammer" nicht verstehen, schließlich hätten Sie vorher gesagt, dass auf Klassenfahrten nicht geschlafen wird, außerdem wären die Betten sowieso nicht gemacht. Machen Sie deutlich, dass es nicht geht, dass jetzt einige schlafen, während die anderen noch spielen wollen. Beachten Sie dabei genau die Stimmung. Wenn Sie merken, dass eigentlich keiner mehr spielen will, lassen Sie sich sichtbar unwillig „gegen die Abmachung" darauf ein, dass alle Kinder ins Bett gehen.
Sie werden von den Kindern, die nun auch noch das Bett beziehen müssen, nichts mehr hören. Der Trick klappt immer, wenn alle Erwachsenen wirklich ernst machen. Im Interesse der eigenen Nachtruhe ist es das wert. Für nachfolgende Fahrten in der Schule müssen Sie weiter ernst bleiben und dürfen auch Eltern nicht einweihen, die das den jüngeren Kindern erzählen.

105 Schwimmen

Der Besuch eines fremden Schwimmbades stellt Sie und die Kinder gleichermaßen vor eine Herausforderung. Sie benötigen auf alle Fälle eine Einverständniserklärung der Eltern (→ *31 „Einverständniserklärung Schwimmen"*). Darüber hinaus ist – bezogen auf die Anzahl der Kinder – für je 15 Kinder eine Aufsicht, die über eine noch gültige Rettungsfähigkeit verfügt, notwendig. Achten Sie beim Besuch eines Schwimmbades darauf, dass sich die Kinder nur in Wassertiefen aufhalten, die ihrem Schwimmvermögen entsprechen.
Falls Sie das Schwimmbad für sich alleine haben und die o.g. Punkte alle erfüllt sind, ist die Verantwortung tragbar.
Wir raten Ihnen jedoch dringend davon ab, ein öffentliches Bad, das gut besucht ist, mit Ihrer Gruppe zu nutzen. Es ist unter diesen Umständen im Grunde gar nicht möglich, Ihrer Aufsichtspflicht gerecht zu werden.

31

Einverständniserklärung für die Teilnahme am Schwimmen

Ich bin/Wir sind damit einverstanden, dass mein/unser Kind ________________________
(Nachname, Vorname)

während der Klassenfahrt nach _____________________________ vom ______________

bis ______________ unter Aufsicht der Klassenlehrkraft das Schwimmbad besucht.

Bitte Zutreffendes ankreuzen:

❑ Mein/Unser Kind kann schwimmen.

❑ Es hat das Schwimmabzeichen ______________ erworben.

❑ Mein/Unser Kind kann nicht schwimmen.

________________ ____

Datum Unterschrift/en

ISBN 978-3-8346-0935-9 · www.verlagruhr.de

11 Kollegiale Absprachen

Die Elternarbeit kann besonders gut gelingen, wenn innerhalb eines Kollegiums feste Absprachen zur Elternarbeit getroffen wurden, die jede Lehrkraft einhält. Im Folgenden sind einige Punkte aufgeführt, die in gemeinsamen Absprachen festgelegt werden könnten.

106 Elterngespräche mit allen unterrichtenden Kollegen

Hilfreich und entlastend ist die Zusage aller Kollegen, die ein Kind unterrichten, im Bedarfsfall an einem gemeinsamen Gespräch mit den Eltern teilzunehmen. Das gemeinsame Auftreten stärkt die Klassen- oder Fachlehrkraft, die Probleme mit dem Kind bzw. seinen Eltern hat. Jeder kann seinen Eindruck von der Sachlage oder der Situation des Kindes vortragen. Die gemeinsame Verantwortung für die Erziehungsarbeit wird deutlich, alle Beteiligten informieren sich über getroffene Absprachen und können diese entsprechend umsetzen. Für die Eltern ist es oft auch hilfreich, ihr Kind aus mehreren Perspektiven zu betrachten. Es empfiehlt sich, dass eine Lehrkraft das Gespräch moderiert und eine andere Protokoll führt.

107 Elterngespräche mit der Schulleitung

Bei Problemen oder schwierigen Eltern sollten Sie immer die Schulleitung informieren. An einem gemeinsamen Gespräch mit allen unterrichtenden Kollegen kann auch die Schulleitung teilnehmen. Diese kann in solche Gespräche Ruhe bringen. Manche Eltern, die gerne ausfallend werden, lassen sich durch die Anwesenheit der Schulleitung manchmal mäßigen. Das alles hängt natürlich von der Person und dem Verhältnis zwischen Schulleitung und Lehrkraft ab. Eine Schulleitung, die dazu neigt, ihre Lehrkräfte bei Eltern vorzuführen, ist sicher nicht hilfreich.

Sie sollten auch bedenken, dass die Eltern die Anwesenheit der Schulleitung möglicherweise als Autoritätsverlust der Lehrkraft interpretieren. Es ist daher sinnvoll, bereits bei der Einladung zum Gespräch aufzuzeigen, wer von schulischer Seite teilnimmt. Außerdem ist es bei der Gesprächseröffnung wichtig, deutlich zu machen, warum die Schulleitung dabei ist und wer sie zum Gespräch gebeten hat (z.B. „Ich habe heute den Schulleiter zu unserem Gespräch hinzugebeten. Er ist über die Situation Ihres Kindes auf dem Laufenden und möchte … sich ein eigenes Bild machen … das Gespräch unterstützen … die rechtlichen Aspekte darlegen.“).

108 Regelungen zu Ausflügen und Klassenfahrten

Es sollte innerschulisch abgesprochen werden, wie viele Ausflüge, die den Fachunterricht von Kollegen betreffen, in jeder Klasse durchgeführt werden dürfen. Unabhängig davon sind Unternehmungen, die im Rahmen Ihrer Stunden als Klassenlehrer stattfinden.
Zudem sollte innerschulisch abgesprochen werden, welche Jahrgangsstufen wie lange, wohin und zu welchen Maximalkosten auf Klassenfahrt gehen. Ihr persönlicher Einsatz für eine Klassenfahrt ist dabei nicht entscheidend.
Es sollte auch abgesprochen sein, ob neben den Kollegen Eltern als Begleitpersonen mitfahren. Aus unserer Erfahrung lässt es sich gut einrichten, dass möglichst alle Klassen einer Jahrgangsstufe zusammen fahren und diese nur von Lehrkräften betreut werden. Die verbleibenden Kollegen finden für diese Zeit gemeinsam eine sinnvolle Vertretungslösung für die Klassen, die weiter beschult werden müssen. Idealerweise bringen Sie diesen Aspekt in ein Konzept ein, das Sie der Schulkonferenz zur Abstimmung vorlegen. Da alle Kinder irgendwann auf Klassenfahrt gehen, ist es auch vertretbar, wenn für diese wenigen Tage der Unterricht umgestellt und Lerngruppen zusammengefasst werden.

109 Regelungen zu Wochenendveranstaltungen

Manche Veranstaltungen im Schuljahresplan finden an Wochenenden statt und sind damit Dienstverpflichtungen, z.B. Schulfest, Sportfest, Tag der offenen Tür etc.

Häufig führen Lehrkräfte darüber hinaus freiwillige Zusatzveranstaltungen für ihre Klasse, wie Wanderungen, Grillfeste, Lesenächte etc., an Wochenenden durch. Diese Veranstaltungen liegen damit eindeutig in der Freizeit der Lehrkräfte. Abhängig von der persönlichen Lebenssituation kann dies sehr belastend sein. Es ist darum ratsam, gemeinsam getragene Regelungen für derartige Veranstaltungen abzusprechen, um die Konkurrenz innerhalb des Kollegiums auszuschließen. Wenn Sie Ihr Wochenende „opfern", wird dies gerne als besonders engagiert bewertet, während gleichzeitig andere Kollegen abgewertet werden. Dabei ist es völlig unerheblich, welche persönlichen Gründe gegen ein „Wochenendopfer" sprechen. Wenn Sie sich als einzelne Lehrkraft anders verhalten, setzen Sie ein Zeichen, wecken Wünsche bei Eltern und verführen Eltern automatisch zum Vergleich mit anderen Lehrkräften. Die Regelung ist sicher immer abhängig vom Kollegium und den Bedürfnissen der Einzelpersonen. Sie sollte es auch sein, wenn sich das Kollegium als Solidargemeinschaft versteht, die sich gegenseitig stützt. Eine Möglichkeit für eine Lösung wäre, dass einheitlich keine, eine oder mehrere Wochenendveranstaltungen neben dem Schuljahresplan abgehalten werden. Die abgesprochene Regelung muss den Eltern unbedingt kommuniziert werden.

12 Inklusion

Nach der Ratifizierung der UN-Konvention über die Rechte von Menschen mit Behinderungen im März 2009 hat sich Deutschland und – insbesondere an einer der ersten Stellen – Nordrhein-Westfalen auf den Weg zu einem inklusiven Bildungssystem gemacht. Das Thema „Inklusion" ist damit aktuell zu einem bedeutsamen, wenn nicht zu dem bedeutsamsten Thema schulpolitischer Diskussion geworden. Alle Schulformen, alle Schulen und letztlich alle Lehrkräfte sind persönlich betroffen und angehalten, diese Herausforderung anzunehmen und zu gestalten.

In der bisherigen schulischen Praxis wurde in einem Verfahren individuell überprüft, welche Kinder mit sonderpädagogischem Förderbedarf in die Regelschule integriert werden konnten. Dabei mussten die Kinder die notwendigen Voraussetzungen für diese Integration erfüllen. War dies nicht gegeben, wurden sie an einem anderen Ort und nicht in der Regelschule unterrichtet. Die Suche nach dem geeigneten Förderort hatte oberste Priorität. Die Entscheidung wurde durch die Schulaufsicht nach Aktenlage und Anhörung aller Beteiligten getroffen.

Die zukünftige schulische Praxis wird alle Kinder, unabhängig davon, welchen individuellen Förderbedarf sie haben, inklusiv in eine Schule zusammenfassen und beschulen. Dabei muss sich nun das System „Schule" dem Individuum „Mensch" anpassen und nicht umgekehrt. Dies erfordert ein Umdenken bei allen Beteiligten und einen Umbau der gesamten Schullandschaft.

Dieses erklärte Ziel der Bundesregierung lässt sich nicht von heute auf morgen realisieren. Der Weg zur Inklusion ist sicher weit, schwierig und nicht zuletzt kostspielig, aber wir sind alle schon auf dem Weg dorthin.

110 Selbstinformation und eigene Haltung

Machen Sie sich unbedingt mit der UN-Konvention und den Ablaufplänen zur Einrichtung eines inklusiven Bildungssystems Ihres Bundeslandes vertraut. Sie finden die notwendigen Informationen im Internet und auf den Bildungsservern der jeweiligen Ministerien.

Während sich einige Schulen schon bewusst und selbstständig auf den Weg gemacht haben bzw. machen, Inklusion am eigenen Schulstandort umzusetzen, glauben andere Schulen bzw. Kollegien noch, sie könnten über Schulkonferenzbeschlüsse die Inklusion für den eigenen Standort abwehren. Das ist allerdings nicht der Fall. Es ist darum sehr wichtig, dass Sie sich als Lehrkraft dieser neuen Aufgabe nicht nur stellen, sondern sich sogar um die positive Umsetzung bemühen. Grundsätzlich sind Sie als Landesbedienstete dazu verpflichtet. Das bedeutet nicht, dass Missstände oder fehlende Rahmenbedingungen unter den Tisch fallen sollen. Im Gegenteil, Sie sind aufgefordert, diesen neuen Weg mitzugestalten. Das bedeutet aber auch, nicht nur Rahmenbedingungen einzufordern, sondern auch selbst zu setzen. Vieles lässt sich mit Ihrem guten Willen und der notwendigen positiven Haltung auch ohne große Veränderung der Rahmenbedingungen durchführen. Suchen Sie das gemeinsame Gespräch im Kollegium zu diesem Thema. In der Regel sind die Schulleitungen durch die Schulaufsicht bereits entsprechend informiert und können zusätzliche Informationen über den eigenen Standort geben.
Auf dem Weg zur Inklusion wird es laufend Veränderungen geben. Schon jetzt wird versucht, die Zahl der Kinder, die im gemeinsamen Unterricht beschult werden, zu erhöhen. Dem Elternwillen wird auf der Grundlage der UN-Konvention oberste Priorität eingeräumt. Das kann bedeuten, dass dem Wunsch, ein Kind mit sonderpädagogischem Förderbedarf an Ihrer Schule und in Ihrer Klasse zu beschulen, stattgegeben wird. Öffnen Sie sich diesen Veränderungen, und gestalten Sie diese konkret mit. Formulieren Sie notwendige räumliche, sachliche und personelle Voraussetzungen. Bringen Sie sich, wo immer es möglich ist, mit dem Kollegium in die konzeptionelle Arbeit Ihrer Stadt oder Ihres Kreises ein.

111 Beratung von Eltern

Für viele Eltern steht der Wunsch nach Teilhabe ihres Kindes am Schulleben der Freunde aus dem Kindergarten und der Nachbarschaft in der nächstgelegenen Schule an erster Stelle. Anders als bisher ist die Schulaufsicht durch das Ministerium beauftragt, diesen Elternwünschen Rechnung zu tragen. Das führt in einer Übergangszeit zu einem Anstieg des bisherigen gemeinsamen Unterrichts und zu unterschiedlichen Szenarien. So kann es beispielsweise sein, dass ein Kind bzw. mehrere Kinder mit sonderpädagogischem Förderbedarf in Ihrer Regelklasse beschult werden, obwohl Ihre Schule bisher keine Integration durchgeführt hat, weil Sie sich zutrauen, das zu leisten. Es kann sein, dass Ihnen dafür ein Sonderpädagoge mit einem Stundendeputat zugeordnet wird. Es kann auch sein, dass Sie ein Kind bzw. mehrere Kinder mit sonderpädagogischem Förderbedarf in Ihrer Klasse unterrichten, obwohl Sie es sich nicht zutrauen. Was Sie sich zutrauen können und wollen, hängt sicher mit dem Förderbedarf des einzelnen Kindes, mit den Rahmenbedingungen und Ihrer eigenen Haltung zusammen. Möglicherweise müssen Sie sich aber zutrauen, was Sie nicht möchten, weil der Elternwunsch erfüllt wurde.

In der Regel werden die Eltern im Vorfeld beraten, wenn sie sich beraten lassen. Bei diesen Beratungen kann letztlich nur das Wohl des jeweiligen Kindes im Vordergrund stehen. Je nach Förderbedarf sind räumliche, sachliche und personelle Voraussetzungen für das Kind unabdingbar. Sie stehen ihm sogar zu. Inklusion darf nicht auf Kosten der Kinder durchgeführt werden. Daher ist immer zu prüfen, ob genau diese Voraussetzungen am gewünschten Standort gegeben sind. Notfalls müssen sie im Interesse des Kindes eingefordert werden. Nur da, wo sich die notwendigen Voraussetzungen nicht herbeiführen lassen, kann von einem „vorübergehend" noch ungeeigneten Schulstandort gesprochen werden. Sie sollten Eltern in dieser Hinsicht beraten. Manche Eltern sind so erfreut über die Erfüllung ihres Wunsches, ihr Kind eine bestimmte Schule besuchen zu lassen, dass sie das Recht ihres Kindes auf bestimmte Förderaspekte außer Acht lassen.

Übersicht über die Kopiervorlagen auf der beigefügten CD

Nummer	Dateiname der Kopiervorlage	passend zu	Abb. Seite
1	Regelliste	Idee 2	11
2	Einladung zur konstituierenden Sitzung der Klassenpflegschaft	Idee 11	19
3	Anwesenheitsliste	Idee 11 Idee 13	18
4	Einladung zu weiteren Sitzungen der Klassenpflegschaft	Idee 12	21
5	Blanko-Klassenliste	Idee 19	26
6	Namensliste	Idee 24 Idee 61 Idee 85	31
7	Materialliste	Idee 26	33
8	Merkblatt Verbrauchsmaterial	Idee 27	35
9	Merkblatt Verleihmaterial	Idee 27	36
10	Einladung Elternsprechtag	Idee 35	41
11	Terminübersicht	Idee 36	42
12	Terminaushang	Idee 36 Idee 48	42
13	Positionspapier Elternsprechtag	Idee 38	44
14	Beobachtungsbogen Arbeits- und Sozialverhalten	Idee 38	45
15	Gesprächsprotokoll	Idee 40 Idee 63	47
16	Einladung Beratungsgespräch	Idee 45	51
17	Protokollbogen Schullaufbahn-beratung	Idee 47 Idee 49 Idee 51	53/54

18	Anwesenheitsliste Veranstaltungen	Idee 56	62
19	▸ Etiketten – fehlende Unterlagen ▸ Etiketten – fehlende Hausaufgabe ▸ Etiketten – Information ▸ Etiketten – Rücksprache	Idee 66	77
20	Talentliste	Idee 67	80
21	Helferliste	Idee 68	81
22	Schweigepflichtbelehrung Lesen	Idee 69	83
23	Schweigepflichtbelehrung Hospitation	Idee 77	88
24	Hospitationsregeln	Idee 78	89
25	Beobachtungsbogen Hospitation	Idee 79	91
26	Anschreiben Klassenfahrt	Idee 86	97
27	Einverständniserklärung Klassenfahrt	Idee 86	98
28	Einverständniserklärung Bummeln	Idee 86	99
29	Einverständniserklärung Wundversorgung	Idee 102	108
30	Einverständniserklärung Zecken	Idee 102	109
31	Einverständniserklärung Schwimmen	Idee 105	112

Literaturtipps

Bostelmann, Antje (Hrsg.):
Das Portfolio-Konzept in der Grundschule.
Verlag an der Ruhr 2006.
ISBN 978-3-8346-0137-7

Grunefeld, Maike; Schmolke, Silke:
Individuelles Lernen mit System.
Verlag an der Ruhr 2011.
ISBN 978-3-8346-0765-2

Hillebrecht, Regina:
Klasse(n-) Fahrt!
Verlag an der Ruhr 2010.
ISBN 978-3-8346-0609-9

Hoegg, Günther:
Schulrecht.
Beltz 2007.
ISBN 978-3-407-25455-9

Laetsch-Bregenzer, Charlotte:
Elternbriefing.
Persen im AAP Lehrerfachverlag 2011.
ISBN 978-3-8344-3391-6

Metzger, Klaus; Weigl, Erich (Hrsg.):
Inklusion, eine Schule für alle.
Cornelsen Verlag Scriptor 2011.
ISBN 978-3-589-05164-9

Plüskow, Alexandra von:
Elternengagement in der Grundschule.
Westermann 2011.
ISBN 978-3-14-164021-2

Rüttimann, Dieter; Hüppi, Hans-Martin:
Erfolgreich kommunizieren.
Link 2010.
ISBN 978-3-556-06002-5

Zetterström, Agneta:
Individuelle Entwicklungspläne.
Verlag an der Ruhr 2007.
ISBN 978-3-8346-0261-9

Linktipps

www.bildungsserver.de/Schullaufbahnberatung-401.html
Informationen zu Schularten und Schullaufbahnberatung, geordnet nach Bundesländern

www.schulministerium.nrw.de/BP/Eltern/_Rubriken/Praxis/Klassenpflegschaft/
Informationen und weiterführende Links zum Thema Klassenpflegschaft

www.kmk.org/dokumentation/rechtsvorschriften-und-lehrplaene-der-laender/uebersicht-schulgesetze.html
Schulgesetze aller Bundesländer

Die in diesem Werk angegebenen Internetadressen haben wir geprüft (April 2012). Da sich Internetadressen und deren Inhalte schnell verändern können, ist nicht auszuschließen, dass unter einer Adresse inzwischen ein ganz anderer Inhalt angeboten wird. Wir können daher für die angegebenen Internetseiten keine Verantwortung übernehmen.

Verlag an der Ruhr

Postfach 10 22 51
45422 Mülheim an der Ruhr

Telefon 030/89 785 235
Fax 030/89 785 578

bestellungen@cornelsen-schulverlage.de
www.verlagruhr.de

Es gelten die Preise auf unserer Internetseite.

Pocket-Ratgeber Schule

■ Wochenplanarbeit in der Grundschule

Alexandra Ferrary

Kl. 1–4, 87 S., 10 x 16 cm, Paperback, zweifarbig

ISBN 978-3-8346-0693-8

Best.-Nr. 60693

7,90 € (D)/8,20 € (A)/13,80 CHF

Pocket-Ratgeber Schule

■ Kooperatives Lernen – kooperativer Unterricht

Cordula Hoffmann

Für alle Schulstufen, 79 S., 10 x 16 cm, Paperback, zweifarbig

ISBN 978-3-8346-0692-1

Best.-Nr. 60692

7,90 € (D)/8,20 € (A)/13,80 CHF

Pocket-Ratgeber Schule

■ So läuft's rund im Referendariat

Dr. Jessica Lütge

Für alle Schulstufen, 87 S., 10 x 16 cm, Paperback, zweifarbig

ISBN 978-3-8346-0691-4

Best.-Nr. 60691

7,90 € (D)/8,20 € (A)/13,80 CHF

Pocket-Ratgeber Schule

■ Antistress-Training für Lehrer

Gerlinde Böpple

Für alle Schulstufen, 87 S., 10 x 16 cm, Paperback, zweifarbig

ISBN 978-3-8346-0690-7

Best.-Nr. 60690

7,90 € (D)/8,20 € (A)/13,80 CHF

Wissen im Pocketformat